Autor _ ARTUR AZEVEDO

Título _ A PELE DO LOBO
E OUTRAS PEÇAS

Copyright _ Hedra 2011
Organização© _ Larissa de Oliveira Neves
Corpo editorial _ Alexandre Barbosa, André Fernandes, Bruno Costa, Caio Gagliardi, Fábio Mantegari, Iuri Pereira, Jorge Sallum, Oliver Tolle, Ricardo Martins Valle, Ricardo Musse

Dados _ Dados Internacionais de Catalogação na Publicação (CIP)

A pele do lobo e outras peças / Artur Azevedo (org. Larissa de Oliveira Neves) – São Paulo : Hedra : 2011 Bibliografia.

ISBN 97-8857715-113-4

1. Teatro brasileiro. I. Série II. Título.

CDD-869-2

Índice para catálogo sistemático:
1. Teatro brasileiro 869-2

EDITORA HEDRA LTDA.

Endereço _ R. Fradique Coutinho, 1139 (subsolo) 05416-011 São Paulo SP Brasil
Telefone/Fax _ +55 11 3097 8304
E-mail _ editora@hedra.com.br
Site _ www.hedra.com.br
Foi feito o depósito legal.

Autor _ ARTUR AZEVEDO
Título _ A PELE DO LOBO
E OUTRAS PEÇAS
Organização _ LARISSA DE OLIVEIRA
NEVES
São Paulo _ 2011

Artur Azevedo (São Luís, 1855–Rio de Janeiro, 1908) é um dos melhores comediógrafos brasileiros e foi nosso primeiro grande homem de teatro. Além de dramaturgo, foi cronista, contista e poeta. Escreveu mais de duzentas peças, entre originais, traduções e adaptações. Ficou conhecido como o maior escritor de revistas de ano brasileiras, mas seu legado para o teatro posterior compreende, principalmente, as comédias e burletas, dentre as quais se destacam *A Capital Federal* (1897) e *O Mambembe* (1904).

A pele do lobo e outras peças inclui cinco textos curtos de Artur Azevedo, cuja temática gira em torno de costumes nacionais. *Amor por anexins* (1870) foi a primeira peça do autor. *A pele do lobo* (1875) faz uma sátira divertida ao sistema de policiamento do Império. *O Oráculo* (1907) é um texto que dialoga com a tradição da comédia. *Como eu me diverti!* (1893) e *O Cordão* (1908) tratam do carnaval e são exemplos importantes da conturbada posição de Artur Azevedo entre os escritores de seu tempo, por ser um autor eminentemente popular.

Larissa de Oliveira Neves é professora e pesquisadora de teoria e história do teatro no Instituto de Artes, da Unicamp. Doutora em Teoria e História Literária pela Unicamp, estuda dramaturgia e é especialista na obra de Artur Azevedo.

SUMÁRIO

INTRODUÇÃO

A FORTUNA CRÍTICA relacionada ao dramaturgo, contista, cronista e poeta Artur Azevedo veio sofrendo uma transformação gradual nos últimos anos. Batalhador incansável do teatro brasileiro, seu papel como "grande animador"[1] da cena nacional pouco foi contestado. No entanto, mesmo as avaliações mais favoráveis ao seu talento cômico mantiveram, por muito tempo, certo ar de condescendência; como se apreciar o anedótico, o engraçado, o burlesco fosse invariavelmente desabonador para uma pessoa culta. Felizmente, esse modo de pensar sofreu uma gradativa reviravolta. Hoje, a obra de Artur Azevedo vem sendo revisitada, dentro dos meios acadêmicos, a partir de leituras menos preconceituosas, cujos resultados originaram e continuam a originar importantes descobertas sobre nosso passado, nosso modo de vida, nossa cultura – cultura que, mesmo quando realizada sob a forma de uma obra erudita, não deixa de conter traços populares, característicos do que se passou a chamar de brasilidade.

Nesta edição, temos a honra de trazer a público cinco obras carregadas de brasilidade. Essas peças foram escritas muito antes do surgimento daquele famoso e polêmico grupo de escritores que surpreendeu o país com suas obras literárias modernistas. As comédias deste volume surgiram num momento em que vigorava um padrão literário que privilegiava a gramática lusitana e os temas ditos elevados; um tempo em que os intelectuais, nacionalistas a seu modo, ansiavam por ver o Brasil se tornar um país tão civilizado, elegante e fino quanto os países europeus, em especial a França. Não se ima-

[1]Expressão de Sábato Magaldi, em *Panorama do teatro brasileiro*, São Paulo, Global, 1997.

gine que Artur Azevedo, por ter escrito essas peças, pensasse de modo diferente, ou estivesse à frente de seu tempo. Não. Ele fazia parte daquele grupo de intelectuais atuantes, cujos principais nomes foram Machado de Assis, Olavo Bilac, Aluísio Azevedo (irmão de Artur) e Coelho Neto, entre muitos outros.

Artur Azevedo também se espelhava na França como fonte de uma cultura mais refinada, e é aí que se constrói a sua figura paradoxal e polêmica. Criticado pelos colegas fundadores da Academia Brasileira de Letras por escrever comédias ligeiras, musicadas e populares, ele se defendia sem proclamar uma igualdade de valor entre os gêneros teatrais. Seu modo de pensar coadunava-se com a visão dos demais intelectuais de seu tempo, todos presos a padrões classicistas, que repudiavam o teatro musicado. Tal concepção, porém, não o impedia de realizar, na prática, o teatro para o qual seu talento o conduzia: um teatro de diversão, em que a mistura de comicidade, de música e de uma crítica bem-humorada formam enredos divertidos e bem estruturados; em que o vaivém das personagens, o ritmo acelerado e as peripécias delineiam tramas bem urdidas e recheadas de surpresas.

Suas peças foram feitas para serem encenadas e apreciadas por uma plateia eclética. O público que frequentava os teatros num tempo em que não havia televisão, rádio ou cinema era composto por praticamente toda a população do Rio de Janeiro, ricos e pobres (mais pobres do que ricos, no caso do teatro musicado). Os ingressos mais baratos custavam menos do que uma passagem de bonde: quase todos podiam ir ao teatro, ao menos de vez em quando. Artur Azevedo escrevia peças pensando em agradar toda a população, em fazer as pessoas se divertirem; para tanto, seus textos são simples, escritos em linguagem brasileira, que recria as características da fala coloquial da época. Ele utilizava os próprios acontecimentos da vida real e os costumes da população para criar as tramas; assim, a plateia identificava-se imediatamente com as personagens e as peripécias do enredo, e suas peças faziam grande sucesso.

A PRESENTE EDIÇÃO

A presente edição contém cinco peças curtas de Artur Azevedo, sendo três comédias de costumes em um ato: *Amor por anexins*, *A pele do lobo* e *O Oráculo*. Embora os estudos em torno da obra do autor privilegiem as revistas de ano e as peças mais longas, são os textos curtos os campeões em termos de encenação. Sem exigir um grande número de atores ou aparatos de cena, as comédias em um ato têm sido constantemente encenadas por grupos amadores e profissionais de todo o país. Elas demonstram o quanto essa dramaturgia continua viva, atual, com a capacidade de agradar espectadores mais de cem anos depois de sua elaboração. Se a perenidade é um dos determinantes do valor de uma obra de arte, não há dúvida de que esses textos sobreviveram ao seu tempo.

Hoje em dia, é comum a apresentação de espetáculos teatrais curtos, de meia hora ou quarenta minutos de duração, principalmente quando acontecem, por exemplo, em ambientes abertos, num espaço cênico público. Assim, as comédias em um ato de Artur Azevedo têm ganhado adaptações para a rua, sendo encenadas em praças e escolas. Se a ideia é produzir um espetáculo mais longo, reúnem-se dois ou três textos para compor apresentações de uma a duas horas de duração. Quando foram escritas, porém, sua função era outra: no século XIX, as pecinhas cômicas tinham espaço garantido como complemento de tragédias, dramas ou melodramas longuíssimos. Os espetáculos se estendiam por três a quatro horas, e os textos curtos funcionavam como momentos de relaxamento entre os atos ou no encerramento da noite.

Além disso, as peças curtas ganham um novo sabor nas páginas de um livro, porque, diferentemente de textos cuja teatralidade supera a literariedade, como é o caso das revistas de ano, é possível desfrutar plena e prazerosamente dos enredos através de uma leitura solitária. Não é à toa que tais textos, ainda no século XIX, eram publicados em jornais, revistas, livros ou brochuras, após as encenações.[2]

Junto às três comédias em um ato, este livro inclui duas outras peças, cujo tema é o carnaval. *Como eu me diverti!*, curtíssima, foi publicada no livro *Contos fora de moda*, de 1894. Classificada pelo autor como conto-comédia, a peça demonstra o quanto a teatralidade está presente em toda a obra literária de Artur Azevedo, seja sob a forma de conto, crônica ou poesia.[3] Isso se comprova, também, com a peça *O Oráculo*, já que ela é nada mais nada menos do que a transposição para a cena do conto *Sabina*, escrito em 1894. Já *O Cordão*, embora apenas ligeiramente mais extensa que as outras comédias, é uma peça de complexidade maior: uma burleta, gênero que engloba as melhores obras do autor, como *A Capital Federal* e *O Mambembe*. *Como eu me diverti!* e *O Cordão* são interessantíssimas por delinearem a ambiguidade intelectual do escritor mediante uma crítica bonachona relacionada ao carnaval.

TRÊS PEQUENAS COMÉDIAS

Amor por anexins *Amor por anexins* é a primeira peça de Artur Azevedo, se não levarmos em consideração uma pecinha escrita aos nove anos de idade, cujo texto está perdido.[4] Tinha ele apenas quinze anos e ainda residia em São Luís do Maranhão, sua cidade natal, quando empreendeu a primeira incursão séria na arte dramática (séria no sentido de que elaborou a comédia para ir à cena, representada por duas atrizes, as irmãs Riosa). Apenas três anos depois, em 1873, ele se

[2] Para informações mais detalhadas, ver Orna Messer Levin, "Teatro de papel – certa dramaturgia de Artur Azevedo", em Orna M. Levin e Larissa O. Neves, *Teatro, literatura e imprensa na virada do século*, revista *Remate de Males* 28.1, Campinas, IEL, jan.–jun. 2008.

[3] Sobre a teatralidade na poesia de Artur Azevedo, ver Pedro Marques, "*Artur Azevedo e a arte do soneto dramático*", *idem*.

[4] Raimundo Magalhães Jr., *Artur Azevedo e sua época*, São Paulo, Livros Irradiantes, 1971.

mudaria para o Rio de Janeiro, para onde se dirigiam praticamente todos os jovens com aspirações literárias no século XIX. Sem esquecer o Maranhão, o comediógrafo tornou-se um grande satirista dos costumes da capital, cenário de quase todas as suas peças. *Amor por anexins*, após ser apresentada pelas irmãs Riosa "em quase todo o Brasil e até em Portugal",[5] ganhou sua primeira edição em livro no ano de 1879, e continuou a ser encenada como entreato de peças maiores nas décadas seguintes.

O sucesso dessa pecinha, cujo enredo se baseia no tantas vezes explorado tema do enamorado velho e endinheirado que persiste na conquista amorosa de uma jovem, reside no modo como o autor caracterizou o solteirão Isaías; o cacoete da personagem, que fala o tempo todo por meio de anexins, torna o texto não só engraçado como extremamente original. A habilidade com que o escritor soube enfileirar os provérbios, posicionando-os uns após os outros de modo a transmitir de maneira verossímil as ideias da personagem, demonstra o quanto ele, ainda tão jovem, possuía pleno domínio do uso da língua, além de um forte talento para a dramaturgia popular.

A ideia da peça pode ter surgido da leitura da obra *Metáforas ou feira dos anexins*, do escritor português Francisco Manuel de Mello. Apesar de a primeira edição desse livro, póstuma, datar de 1875, existe a possibilidade de o menino Artur ter tido acesso à obra por intermédio do pai, o cônsul português David Gonçalves de Azevedo, tendo em vista que em 1840 já se sabia de sua existência e de sua suposta utilidade, conforme atesta a seguinte citação:

> [...] livro curioso, em que estão lançadas metodicamente as metáforas e locuções populares da língua portuguesa, e que seria quase um manual para os escritores dramáticos, principalmente do gênero cômico, que quisessem fazer falar as suas personagens com

[5]Citação de Artur Azevedo, *apud* Antonio Martins Araújo, *Teatro de Artur Azevedo*, Rio de Janeiro, Funarte, 2002, v. 4, p. 59.

frase conveniente, e com as graças e toque próprio da nossa língua portuguesa e do verdadeiro estilo dramático.[6]

Mesmo que Artur Azevedo tenha lido a obra e, inclusive, o conselho transcrito acima, tendo decidido segui-lo (fato que não passa de mera suposição), isso não diminui a importância de sua proeza, porque o livro *Feira dos anexins*, afora os anexins, pouco, ou quase nada, tem de semelhante com a comédia *Amor por anexins*. O primeiro consiste em duas séries de contos dialogados – nas quais se discute o valor e a relevância de anexins de todos os tipos e, para tanto, os contendores utilizam-se dos próprios provérbios como recursos de arrazoamento – e numa série de anedotas temáticas, também narradas por meio de trocadilhos, metáforas e ditados populares.

Já em *Amor por anexins*, o impertinente e tagarela Isaías invade a casa de sua amada, a viuvinha Inês, disposto a não sair de lá antes de convencê-la a se casar com ele. A peça nada tem de romantismo exacerbado: as duas personagens são movidas por interesses menos nobres do que o amor sincero (este virá depois). Sem arroubos de paixão, Isaías, cansado da vida de solteiro, simplesmente decidiu se casar e escolheu Inês por ela ser boa dona de casa e honesta. A jovem senhora, por seu turno, também não quer permanecer viúva, mas rejeita Isaías, num primeiro momento, porque já tem um noivo jovem e bonito – que também não ama, haja vista a rapidez com que se consola após receber a carta em que o rapaz rompe o compromisso. Desdenha, portanto, a oferta do velho, feio e maçante solteirão enquanto supõe que tem um partido melhor, mas logo muda de ideia, com medo de permanecer viúva. A despeito de suas imperfeições, as personagens são carismáticas e a conversa que entretêm conduz, invariavelmente, ao riso.

Além do diálogo fluido e engraçado, a pequena comédia também se enriquece com os versos, escritos para serem can-

[6] Herculano, *apud* Francisco Manuel Mello, *Metáforas ou a feira dos anexins*, www.dominiopublico.gov.br/download/texto/ub000005.pdf (consultado em 08/01/2009.

tados pelas personagens em momentos especialmente escolhidos. Grande mestre do teatro musicado, cujos gêneros (a revista, a opereta e a burleta) mesclam momentos dialogados com canções temáticas, nas quais as personagens revelam seus sentimentos ao público ou umas às outras, Artur Azevedo mostra, em sua primeira peça, que o talento para compor versos simples, facilmente musicáveis, sempre fez parte de sua índole artística. A simplicidade das estrofes de *Amor por anexins* permitiu que fossem criadas diferentes partituras para as mesmas no decorrer dos anos, sendo que a primeira, de Leocádio Raiol, está perdida.

Esse texto de estreia, portanto, contém inúmeros indícios do caminho a ser percorrido pelo seu autor: a comicidade, a simplicidade, a crítica zombeteira, o trabalho com a linguagem popular e os números musicados.

A pele do lobo Artur Azevedo escreveu *A pele do lobo* em 1875, mas a peça foi encenada pela primeira vez em 1877, como complemento da opereta *Abel, Helena.* Esta última é uma adaptação, do próprio Artur, de *La belle Helène* (de Offenbach), texto francês de gênero musicado que fazia bastante sucesso à época. Para a festa em homenagem ao autor, realizada no dia 10 de abril, a companhia do teatro Fênix Dramática exibiu a inédita comédia em um ato *A pele do lobo*, junto com a opereta, que já estava em cartaz.

Os textos curtos, em geral, não tinham grande repercussão na imprensa, porque eram considerados apenas adendos do espetáculo principal. *A pele do lobo* foi publicada na *Revista do Rio de Janeiro*, periódico para o qual Artur Azevedo escrevia crônicas e poemas, no mesmo mês em que estreou no teatro. O texto, uma típica comédia de costumes, retrata, ao mesmo tempo em que critica, uma das esferas do meio social da época.

Em *A pele do lobo* a crítica social surge diretamente, o que não faz essa comédia ser menos engraçada para o leitor/ espectador de hoje. Pelo contrário, ela demonstra que, se algumas coisas mudaram, outras continuam sendo as mesmas. Se escarrar em público é hoje uma prática inconcebível, uma tremenda falta de educação – fato que torna ainda mais cômica a cena em que Jerônimo suja a casa de Cardoso porque "a casa da autoridade é uma repartição pública" –, a falta de reconhecimento do trabalho público, de um lado, e o interesse pessoal por trás daqueles que "metem-se a servir o país", de outro, continuam sendo atuais.

O enredo, por si só, é bastante divertido: a personagem principal, o subdelegado Cardoso, tenta sair com sua esposa, Amália, para ir a uma cerimônia de batizado, na qual serão os padrinhos, mas são interrompidos continuamente pelas pessoas que chegam para "dar parte" de pequenos crimes ou irregularidades. O casal, cada vez mais nervoso, só consegue sair após três horas de contrariedades, com direito a correria e confusão.

Na segunda metade do século XIX, homens notáveis na sociedade, ao serem nomeados pelo poder imperial, por meio dos presidentes das províncias, exerciam, gratuitamente, as funções de delegado e de subdelegado. Cabia a eles zelar pela manutenção da ordem pública, bem como desempenhar funções administrativas e, após 1871, preparar inquéritos policiais. A indicação envolvia jogos de interesse e politicagem. A rotatividade de delegados e subdelegados era intensa: poucos se mantinham por muito tempo nos cargos.

> O serviço não-remunerado muitas vezes não valia as compensações laterais que o uso do fitão, o símbolo por excelência da autoridade policial, proporcionavam. Assim, as queixas e pedidos de desligamento eram igualmente copiosos. E, apesar da obrigatoriedade do aceite, muitas declinações eram acolhidas pelo governo.[7]

Como se vê, em *A pele do lobo* Artur Azevedo fez uma justa e cômica crítica aos costumes policiais do Brasil impe-

[7] André Rosemberg, *Polícia, policial e policiamento na província de São Paulo, no final do Império: a instituição, prática cotidiana e cultura* (tese de doutorado), São Paulo, USP, 2008, p. 44.

rial. Cardoso solicita uma subdelegacia com vistas a uma futura promoção; trabalha noite e dia atendendo as "partes", a ponto de levantar-se de madrugada e deixar de sair para um batizado a fim de cumprir o dever; ainda assim, publicam-se "descomposturas" sobre ele no jornal. Tanta dedicação de nada lhe adianta, já que perde a promoção, ao mesmo tempo em que é demitido da subdelegacia.

A comicidade fica por conta da ingenuidade do caipira Apolinário; da malandragem de Jerônimo; das saídas falsas do casal, a cada momento impedido por algo ou alguém; e pelo chavão, repetido constantemente por Cardoso:

> Cardoso – E metam-se!
> Amélia – Hein?
> Cardoso – E metam-se a servir o país!

O Oráculo O enredo da comédia *O Oráculo* partiu de um conto próprio, chamado *Sabina* e publicado no jornal *O País*, em 25 de março de 1894. Em 1903, Eduardo Vitorino, empresário e dramaturgo português que trabalhou durante muitos anos no Brasil, pediu a Artur Azevedo uma peça em um ato para compor o programa de um espetáculo. O comediógrafo, lembrando-se do conto, por si só bastante teatral, escreveu *O Oráculo*, cuja personagem central, Helena, foi criada especialmente para Georgina Pinto, primeira atriz da companhia. A atriz, no entanto, faleceu de febre amarela antes da encenação, e *O Oráculo* ficou à espera de uma nova oportunidade. Esta surgiu com o espetáculo em benefício do autor, ocorrido no dia 2 de abril de 1907, durante as representações de *O dote*, comédia de Azevedo que fez imenso sucesso naquele ano. Desta vez, o papel principal coube à atriz brasileira Guilhermina Rocha. O crítico do jornal *O País* escreveu, à época, o seguinte comentário sobre o texto:

> Simples, de urdidura delicada, facilmente apreensível, *O Oráculo* tem as qualidades conhecidas da arte dramática de Artur Azevedo, cuja penetrante observação, fluência e espontaneidade do diálogo e

propriedade de cena fizeram, há muito, dele o nosso melhor comediógrafo.[8]

O comentário descreve adequadamente as qualidades da peça. O enredo, simples e curto, não permite um aprofundamento emotivo sobre o tema; como nas outras comédias curtas do autor, a simplicidade fornece o ritmo acelerado ao desenvolvimento da fábula, o que não significa que esta peque por falta de continuidade ou verossimilhança: pelo contrário, trata-se de um texto de urdidura bastante coesa.

A comédia é, em verdade, uma bela transposição para a linguagem cênica de *Sabina*, conto que narra a história do romance entre o solteiro Figueiredo e a viúva Sabina (Nélson e Helena na comédia); no começo do namoro, ela recusa o pedido de casamento, pois acredita que oficializar a relação esfriaria rapidamente o amor de Figueiredo; após dois anos (três na peça), no entanto, ele se sente cansado da viúva, independentemente de ter permanecido solteiro e, querendo pôr fim ao namoro, pede conselhos ao velho solteirão Matos (Frederico, na comédia), considerado um oráculo em questões de amor. O amigo aconselha Figueiredo a acusar Sabina de algum "mau passo", mesmo sabendo da honestidade de sua amante, abandonando-a em seguida sem maiores explicações. Sabina, porém, usa de esperteza para "segurar" o namorado e casar-se com ele: ao receber a acusação, aceita e confessa a falta, embora não o tenha de fato traído; ele, louco de ciúme, pede-a em casamento.

Na peça, além da inclusão da personagem José, empregado de Nélson, de grande importância para a crítica social e para a comicidade, a única diferença no enredo consiste no fato de que Helena, escondida, ouve a conversa entre seu amante e Frederico. Sabendo antecipadamente o artifício a ser utilizado por Nélson para afastar-se dela, pode, com argúcia, inventar um erro no passado para prendê-lo pelo ciúme. Assim, a fábula ganha consistência no texto dramático, em

[8] "Artes e Artistas. Primeiras Representações", em *O País*, 04/04/1907.

que as ações das personagens se justificam – podemos afirmar, inclusive, que a comédia é superior ao conto.

As informações fornecidas pelo narrador, no conto, são permeadas com naturalidade na peça entre as falas das personagens, sem dar impressão de artificialidade. Dois monólogos explicam ao leitor/ espectador a situação vivida pelo casal: logo na primeira cena, José, "refestelado na poltrona com um espanador na mão, a saborear um charuto", conversa com o público; vangloria-se de sua vida ociosa como empregado de Nélson, já que o patrão vive na casa de sua amante, a "viúva de Laranjeiras". O monólogo é espirituoso, espontâneo e engraçado, características que o impedem de se assemelhar a uma mera muleta narrativa. Logo depois, Helena entra à procura de Nélson; ela está nervosa com o descaso demonstrado pelo namorado nos últimos tempos; sozinha, reflete em voz alta:

> HELENA – Não há que ver: está farto de mim! Desfez o encanto! Tudo acabou. Já o esperava: há muitos meses noto a mudança do seu entusiasmo de outrora. Melhor seria que nos houvéssemos casado. E dizer que fui eu que não quis! Dei-me tão mal com o casamento, que não me sorriu experimentá-lo de novo. Era bem independente para não me importar com o que dissessem. (*Senta-se e ergue-se logo em seguida, cada vez mais agitada.*) Mas não! É impossível que Nélson seja ingrato. Há três anos pertenço-lhe, e nunca tive outro amor, nunca pensei em outro homem.

O curto monólogo informa sobre a situação do casal – o passado, a honestidade e hesitação de Helena, o desinteresse de Nélson – sem se caracterizar como um enfadonho relato. A angústia da personagem, que fala a si mesma sobre os próprios sentimentos, justifica plenamente o recurso; não há quebra no ritmo, no andamento da trama que se inicia; por fim, a transposição de fatos narrados no conto em terceira pessoa para a linguagem dramática ocorre sem qualquer artificialismo. *O Oráculo* mantém toda a graciosidade da narrativa, chegando até a superá-la, não só porque no texto dramático há a explicação sobre os motivos que levam Helena a urdir seu estratagema, mas também porque se nota uma crítica social espontânea e cômica, realizada por meio dos comentários ferinos e recheados de humor proferidos por José.

A personalidade deste tipo cômico baseia-se na tradição da comédia. Desde a Antiguidade, até hoje, o empregado da casa é uma personagem frequente das comédias, capaz de facilitar a representação dos costumes e geralmente responsável por vários episódios engraçados do enredo. Não raro, tal personagem centraliza as ações, conduz o enredo e manipula a vida das demais personagens (devemos lembrar que esse tipo, desenvolvido na comédia tradicional francesa, surgiu a partir das personagens da antiga comédia italiana, a *Commedia dell'Arte*, e pode ser encontrado também em peças clássicas de outros países europeus). Em *O Oráculo*, a influência da tradição surge de maneira bem explícita, porque José se parece com os criados originais da *Commedia dell'Arte* (os chamados "zanni", que compunham o grupo de personagens mais populares da *Commedia*, o que explica sua enorme influência na comédia posterior): ele lembra o esperto e bufão Arlequim, sempre no centro das intrigas.

Empregado de Nélson, José vive refestelado na poltrona, sem nada fazer, a fumar os charutos de seu amo; português, quem o trouxe ao Brasil foi o comendador Frederico, o "oráculo do amor", mas este não aguentou conviver com um empregado tão ladino. Numa passagem da peça, Frederico compara seu antigo criado com personagens clássicas do teatro francês, revelando abertamente ao leitor/ espectador o diálogo de Artur Azevedo com a tradição francesa, que ele conhecia tão bem:

FREDERICO – Convenci-me de que tinhas espírito demais para um simples criado. Os Scapins[9] e os Frontins[10] só me agradam na *Comédie* ou no Odeon. Fora dali acho-os detestáveis. Entretanto,

[9]Scapin, criado na comédia *Les fourberies de Scapin* (1671), de Molière.

[10]Frontin, criado na comédia *Marton et Frontin* (1804), de Jean-Baptiste Dubois.

ao saíres de minha casa, poderias aspirar a coisa melhor... Por que não te arranjaste no comércio?

JOSÉ – Não sou ambicioso... Agrada-me esta situação... considero-me colocado melhor que o meu amo.

Satisfeito com sua posição de criado de um homem solteiro, José não ambiciona qualquer outro trabalho, em que, certamente, não poderia passar o dia descansando, a passear pela cidade, a comer e beber do melhor e a fumar bons charutos. A comicidade do tipo apresenta-se não só em sua personalidade alegre e prazenteira, mas também em suas tiradas irônicas, relativas ao namoro do patrão e ao seu escritório de advocacia sem clientes:

JOSÉ – O amo nunca está em casa, e eu faço de conta que tudo é nosso. Permita Deus que tão cedo não acabem os seus amores com a tal viúva das Laranjeiras.

HELENA – Então algum cliente?

JOSÉ – Seria um fenômeno, mas... quem sabe? Tudo acontece. Não fizeram a avenida?[11]

JOSÉ – Logo vi que Vossa Excelência vinha para ser consultado. Para consultar ainda está para ser o primeiro que aqui venha.

A última fala lhe pertence e fecha com graciosidade a comédia; ao saber do casamento do patrão, cuja consequência seria uma mulher a cuidar da casa onde ele trabalha, José se dirige à plateia:

JOSÉ – (*À parte*) Ele casa-se!... Adeus, beatitude!...Sua boa vida está com os dias contados...

Nessa curta peça de costumes, Artur Azevedo demonstra toda a sua habilidade em criar um enredo engraçado, que prende a atenção do leitor/ espectador, e ainda reelabora elementos da tradição literária. Além disso, critica a ociosidade de maneira extremamente divertida: Nélson, por ser rico,

[11]Referência à avenida Central (hoje Rio Branco), recém construída durante as famosas reformas encetadas pelo prefeito Pereira Passos na virada do século XIX–XX. As reformas modificaram profundamente o centro do Rio de Janeiro.

pode passar as horas a namorar, sem se preocupar com a falta de clientes e sem ser criticado por causa disso pelas pessoas de seu meio social; já José, o empregado, aproveita a boa vida do patrão para, ele próprio, viver entre charutos e passeios. Como pobre que é, no entanto, precisa fingir que trabalha, e é considerado um malandro pelas pessoas da alta sociedade. A hipocrisia do pensamento vigente em nossa sociedade até os dias de hoje apresenta-se clara no texto teatral: os ricos podem viver entre os prazeres da ociosidade; já os pobres, se não trabalham, são considerados vagabundos.

A crítica, nesta comediazinha bem estruturada, surge nas entrelinhas, entre as ações e diálogos, de maneira natural; a ironia presente nas falas de José propicia o riso, retrata a sociedade e demonstra o poder de crítica presente na comicidade. O talento do autor nesse sentido pode ser apreciado tanto em suas melhores comédias de costumes quanto nas peças musicadas. Grande observador de pessoas e hábitos, arguto para tirar proveito máximo de aspectos da sociedade capazes de levar o espectador ao riso, ele soube transpor para a linguagem cênica o Brasil em que viveu.

DUAS COMÉDIAS SOBRE O CARNAVAL

O carnaval O carnaval, a maior festa popular brasileira, sempre uniu o povo nos dias de folia. No entanto, no Rio de Janeiro do final do século XIX, que ansiava por ser a capital de um país moderno e civilizado, havia um grande preconceito, por parte da elite intelectual e econômica, relativo ao carnaval brincado pela população mais pobre. Os intelectuais consideravam os desfiles e bailes organizados pelos ricos superiores à alegre desordem vista entre a população em geral. No desejo de "civilizar" a nação brasileira incluía-se o intuito de moderar a "balbúrdia" presente na festa dos pobres. O carnaval ideal, para os escritores, seria aquele comandado pelas sociedades carnavalescas ricas. Os Tenentes do Diabo, Democráticos e Fenianos eram os três grupos mais famosos, compostos por pessoas de poder aquisitivo alto, que pagavam mensalidades caras durante o ano para desfilar com fantasias e em carros luxuosos durante o carnaval.

Quem não tinha condições, porém, de participar dos desfiles das sociedades, ou dos bailes bem-comportados frequentados pelas famílias ilustres, não deixava de se divertir: os cordões, ou zé-pereiras, compostos pelas pessoas pobres ansiosas pela diversão dos dias de carnaval, pululavam atrás dos desfiles das ricas sociedades. A situação nos lembra, hoje, os caros abadás, obrigatórios para os acompanhantes oficiais dos trios elétricos, e os "pipocas", que seguem os trios sem pagar nada.

A maioria dos literatos, fazendo-se de porta-voz das damas e senhores da alta sociedade, criticava a dança gingada, a música de origem africana, a bagunça, as brigas, a bebedeira dos cordões, em oposição aos belos carros alegóricos das sociedades. A mistura das diferentes classes sociais durante o carnaval expunha a todos a pobreza e o modo de vida das pessoas marginalizadas. Nesses dias, tornava-se evidente a todos, em desfiles nas ruas centrais da capital, as expressões culturais (música, dança, luta da capoeira) que a intelectualidade procurava "regenerar", ou seja, suprimir.[12]

Artur Azevedo, apesar de concordar em parte com esse posicionamento, diferenciava-se dos demais escritores por escrever para um público popular, para aquelas mesmas pessoas cujos hábitos eram tão criticados. Ao aproximar-se do povo através do teatro ligeiro, a sua posição frente aos costumes considerados "bárbaros" adquire ares extremamente simpáticos. Sua afinidade com a cultura popular brasileira apresenta-se na empatia com que caracterizou o desacordado folião de *Como eu me diverti!* e o povo da lira, isto é, os componentes do grupo "Foliões do Itapiru", da burleta *O Cordão*.

[12]Para maiores informações, ver Leonardo Affonso M. Pereira, *Carnaval das letras*, Rio de Janeiro, Secretaria Municipal de Cultura, 1994, e Nicolau Sevcenko, *Literatura como missão: tensões sociais e criação cultural na Primeira República*, São Paulo, Companhia das Letras, 2003.

Como eu me diverti! O conto-comédia *Como eu me diverti!*, pela extensão, é o que hoje se denomina esquete teatral. Se encenado junto com outras peças curtas de Artur Azevedo, ou de outros autores, pode originar um espetáculo dinâmico e interessante.[13] Tudo indica, porém, que o autor escreveu o texto para ser publicado, e não encenado, não obstante sua teatralidade – presente, aliás, em diversos de seus contos (dialogados ou narrados).

Além de ser engraçada e ter um final inusitado, essa pecinha revela a ambiguidade do escritor em relação ao carnaval. Um rapaz, após uma noite de diversão durante o carnaval, retorna, bêbado e passando mal, à pensão onde mora. Em virtude de seus excessos, acaba perdendo a noiva e o emprego, porque seu chefe e o padrinho da moça (o médico que, por coincidência do destino, vem examiná-lo a pedido da dona da pensão) descobrem o deslize. O jovem em torno do qual o esquete se desenvolve tem apenas uma fala, aquela que fecha o enredo. Essa frase – por, ao mesmo tempo, encerrar e intitular a obra – propicia um sorriso no rosto do leitor/ espectador e transmite, ainda que nas entrelinhas, a simpatia do autor pela festa popular.

A crítica severa dos dois senhores moralistas que, com tanta indignação, repreendem as loucuras cometidas pelo jovem nos dias de carnaval perde a força e torna-se, apenas, cômica, quando o jovem, ao final, entreabre os olhos, sorri e "exclama com voz rouca e sumida", sem saber das dificuldades que o aguardam quando a ressaca passar: "Como eu me diverti!". Não há como não simpatizarmos com o protagonista, tão defendido por Dona Maria, a dona da pensão, até porque são poucos os brasileiros que nunca cometeram suas pequenas ou grandes loucuras durante o carnaval. E, por transmitir

[13]Em 2008, o projeto Clássicos do Teatro, da cidade do Rio de Janeiro, apresentou a leitura dramatizada de quatro peças de Artur Azevedo: *Amor por anexins*, *Entre o vermute e a sopa*, *Uma noite em claro* e *Como eu me diverti!*, realizada pelo grupo Teatro de Roda.

essa simpatia, o mais provável é que o escritor também a sentisse.

O Cordão A hipótese acima ganha força quando analisamos a burleta *O Cordão*, encenada durante o carnaval de 1908. As burletas são peças de um gênero que engloba, num mesmo texto, as diferentes manifestações do teatro musicado: enredo cômico de temática brasileira, permeado por números musicais, com muitas personagens e variadas mudanças de cenário. *O Cordão*, apesar de ser a burleta mais curta e uma das menos conhecidas de Artur Azevedo, chama a atenção por diversos motivos: a inclusão, em primeiro plano, de personagens oriundas da periferia urbana do Rio de Janeiro; a linguagem repleta de gírias e oralidades, que caracteriza cada personagem; a ambiguidade na abordagem da temática do carnaval, que, de modo mais saliente que em *Como eu me diverti!*, demonstra o perfil intelectual de seu autor.

O enredo dessa burleta teve origem em um episódio da revista de ano *Comeu!*, de 1902. O segundo quadro de *O Cordão* consiste na transposição quase idêntica do quarto quadro de *Comeu!*, publicado no jornal *O País*, em 28 de julho de 1904. Artur Azevedo acrescentou alguns episódios, de modo a formar um enredo coeso: Remígio, um praça reformado do exército, participa assiduamente dos cordões nos dias de folia; suas filhas, Florinda e Rosa, educadas por um padrinho, são avessas à festa. Os namorados das moças, Alfredo e Gastão, funcionários de repartição, desejam afastá-las desse ambiente – considerado, por eles, maléfico à sua "pureza". O namoro serve de pretexto para a exposição dos costumes e para a crítica social, que decorre da diferença nos modos de pensar, agir e falar entre as personagens instruídas (os namorados e o chefe da repartição na qual trabalham, chamado de Conselheiro) e as personagens da periferia (os participantes costumeiros do cordão *Foliões do Itapiru*, do qual faz parte Remígio).

A partir da oposição existente entre as personagens da

burleta, é possível dividi-las em dois grupos. No primeiro incluem-se as personagens formalmente educadas, com emprego fixo: os dois rapazes, Gastão e Alfredo; as moças, Florinda e Rosa (educadas por um padrinho General), e o Conselheiro. Do "grupo do Cordão" fazem parte os membros assíduos do "Cordão Carnavalesco Foliões do Itapiru": Remígio e seus companheiros de folia, pobres e analfabetos. À primeira vista, sobressai no texto a crítica aos costumes do "grupo do Cordão", expressa pelas personagens externas àquele meio – Alfredo e Gastão, os rapazes instruídos, empregados, com renda fixa, representam os olhos da sociedade culta frente aos "bárbaros" do Catumbi. No entanto, um outro posicionamento transparece à medida que a fábula se desenvolve, conforme veremos.

Alfredo e Gastão participam de um ensaio do cordão carnavalesco, a fim de observar o ambiente e retirar suas namoradas dali. As moças também acham incorreto participar do ensaio, e o fazem apenas porque são obrigadas pelo pai. Ao chegar à casa de Salustiano, o presidente do Cordão, os rapazes espantam-se com as atitudes dos membros do grupo. Eles bebem vorazmente cachaça pelo gargalo de uma mesma garrafa, narram brigas em que seus companheiros de folia foram presos, dançam e cantam em ritmo alegre: "Ai ai ai! Eu ai!/ Deixa as cadeira/ Da negra boli!".

Ao ver Salustiano pela primeira vez (descrito, nas rubricas, como "pernóstico, pardavasco, grande carapinha, pretensa elegância, procurando os termos e sibilandos"), Alfredo expressa sua opinião nada positiva:

> ALFREDO – A figura é de um verdadeiro cafajeste.

Durante o ensaio, a primeira impressão do rapaz se intensifica; o contato com os demais participantes do Cordão apenas reforça a opinião negativa que Alfredo e Gastão têm ao conversar com Salustiano pela primeira vez. Cada componente do grupo reflete o modo de ser de um cidadão carioca marginalizado: a veracidade obtida a partir da caracterização cuidadosa das personagens faz surgir aos olhos do espectador um quadro vivo e animado; suas falas, seus gestos, o modo como tratam uns aos outros compõem um quadro autêntico e verossímil de representação social. A crítica direta revela--se mediante os olhares e comentários dos dois rapazes, moradores de uma outra região da cidade, estranhos à vida de pessoas com as quais dividem as mesmas ruas da capital. Tal crítica, no entanto, não é endossada pelo autor; em diferentes momentos da peça podemos vislumbrar um outro ponto de vista.

Após serem recebidos pelo presidente do Cordão, o primeiro componente a aparecer diante dos olhos dos namorados é Cazuza, um típico capoeira, cujas atividades na sociedade carioca do fim do século XIX faziam as autoridades tremer. Esses ex-escravos ou descendentes de escravos exibiam suas habilidades de capoeiragem pelas ruas durante o ano todo. Eles provocavam confusões com a polícia e brigas que não raras vezes terminavam em morte; os capoeiras formavam maltas distintas e competiam entre si e contra a polícia.

No início do século XX a perseguição aos capoeiras aumentou, porque suas atitudes figuravam como um símbolo de toda a brasilidade que a elite desejava esconder e suprimir. No carnaval, a situação se agravava, porque o clima de festa e desordem tornava o ambiente propício às exibições e lutas dos capoeiras.[14] Na peça, Cazuza entra em cena "esbaforido, como que perseguido por alguém", e assusta Gastão e Alfredo. Ele narra e encena, através de gírias e golpes, uma confusão iniciada por causa de uma mulata, na qual a polícia interferiu e alguns de seus companheiros foram presos, enquanto outros, junto com Cazuza, conseguiram fugir. Há a inserção, na peça, de personagens "indesejáveis" da periferia social urbana, inéditas até então no teatro brasileiro. E a

[14]Para maiores informações, ver Carlos Eugênio Líbanos Soares, *Festa e violência: os capoeiras e as festas populares na corte do Rio de Janeiro (1809–1890)*, em Maria Clementina Pereira Cunha, *idem*.

maneira como ocorre essa introdução, simples e ao mesmo tempo verdadeira, demonstra a capacidade de observação de Artur Azevedo em relação aos habitantes de sua cidade.

Não apenas verossímil, o episódio delineia o olhar crítico do escritor: apesar da clara mensagem de aversão ao modo de vida dessas personagens, expressa ao espectador franca e abertamente por Gastão e Alfredo, a esfera de alegria e espontaneidade que rodeia os participantes do Cordão não deixa dúvidas sobre o posicionamento ambíguo – que deseja se mostrar contrário à falta de educação dos malandros do Catumbi, mas apresenta, não obstante, grande simpatia por eles. O resultado final pende para a festa do povo da lira e contagia o leitor/ espectador, que se vê inclinado a compartilhar dos arroubos esfuziantes do "grupo do Cordão".

A cena entre Cazuza e os rapazes apresenta imensa graça, devido à reação dos últimos frente à extroversão do mulato. A comicidade se dá em consequência do estranhamento causado em Alfredo e Gastão pelas atitudes do membro de um grupo social que lhes é desconhecido: eles se sentem completamente desconfortáveis e temerosos perante o modo de viver e falar dos membros do Cordão; sem naturalidade, não sabem como agir. As indicações nas rubricas servem para elevar o teor cômico do episódio: Cazuza praticamente ataca os funcionários de repartição ao relatar como se desvencilhou da polícia após a briga. Depois da violenta demonstração, os dois pensam em fugir dali, mas mudam de ideia quando se lembram das namoradas, que chegarão ao ensaio a qualquer momento:

> GASTÃO – (*A Alfredo*) Acho prudente irmos embora.
> ALFREDO – Deixá-las com essa cáfila, nunca.

Como se vê, a crítica ao "grupo do Cordão" mostra-se evidente no repúdio ao modo de vida dos malandros. Os olhos de Alfredo e Gastão são os olhos dos habitantes cultos frente à grande massa iletrada e pobre circulante no Rio de Janeiro: os ex-escravos, os imigrantes sem dinheiro. Daquele reduto não deveriam fazer parte as moças e os rapazes de "boa família" – essa mensagem, explícita no texto, agradaria os espectadores da elite que porventura assistissem à peça, porque revela a moral comum à parcela letrada da população. A crítica, porém, não constitui a mensagem final da burleta, porque a exaltação dos costumes populares prevalece no enredo, a despeito dos comentários ferinos das personagens ilustradas.

Apesar das críticas diretas expressas no decorrer do texto por Alfredo e Gastão, corroboradas, no final do texto, pela autoridade do Conselheiro, o desfecho, bem como alguns episódios e o tom alegre da burleta, permitem entrever um outro ponto de vista, que, embora não seja expresso abertamente, predomina por ser mais envolvente e conduzir o ritmo da peça. A impressão agradável despertada pela alegria que envolve o "grupo do Cordão" prevalece sobre qualquer opinião negativa proferida com todas as letras pelas personagens externas ao grupo. Ademais, há a defesa explícita do carnaval do cordão, denominado pelas personagens como "o verdadeiro carnaval carioca".

A fim de conseguir ser convidado para o ensaio, Alfredo afirma: "O amigo e eu somos doidos pelo carnaval... mas o verdadeiramente popular, o carnaval bem entendido, o carnaval de cordão".

O carnaval "bem entendido", o "verdadeiramente popular", não seria o desfile das sociedades, preferido pelos literatos, mas o espontâneo e festivo zé-pereira. A confirmação da afirmativa ocorre através das coplas cantadas por Salustiano, Alfredo e Gastão:

Salustiano –

Deixem lá falar quem fala,
Pois o melhor carnaval
Não é carnaval de sala
Nem da avenida Central.
O verdadeiro carioca
Nascido nesse torrão
Por nenhum carnaval troca

O do cordão!
Os três – O do cordão!
O do cordão!
Dão, dão, dão, dão!

Salustiano –
Ninguém nestes belos dias
Se diverte como nós,
Que odiamos as sombrias
Figuras dos dominós!
Carnaval que, como vinho,
Torna alegre o coração
É o carnaval do povinho,
Os três – O do cordão!

O verdadeiro carnaval, portanto, não seria aquele dos ricos e bem produzidos desfiles das sociedades na avenida Central, ou o dos bailes comportados, frequentados pela elite com suas fantasias de dominós, arlequins e colombinas. O legítimo carnaval de raiz consistia naquele em que participava a população mais pobre, livre, alegre, sem regras, impulsionado pela música de descendência africana: o lundu, o jongo, o futuro samba – o originalmente brasileiro, o autêntico carnaval era aquele do qual Florinda e Rosa não deveriam fazer parte.

O desfecho da comédia ratifica esse modo de pensar: os recém-casados assistem aos desfiles na avenida Central; em certo momento, Alfredo sugere que eles voltem para a casa, e Florinda responde: "Decerto. Estas festas não se inventaram para os noivos. Depois, já vimos passar as sociedades".

A fala de Florinda revela que o carnaval do povo não foi feito para as "pessoas de bem"; desse modo, os recém-casados partem logo depois do desfile das sociedades ricas. Remígio, convertido em homem de sociedade pelo casamento das filhas, fica a assistir o carnaval; na última cena, encontra seu antigo grupo e, sem conseguir negar suas origens, é arrastado para a folia:

SALUSTIANO – Olhem, é ele! O nosso incomensurável Remígio! Viva o Remígio! (*O cordão entra cantando e dançando.*)

TODOS – Viva! Entra! Entra! Fecha! (*Põem Remígio no centro e dançam todos.*)

REMÍGIO – Não *arresisto*! Oh, o cordão! O cordão do povo! (*Dança.*)

Após as severas críticas ao cordão realizadas no decorrer do texto, o desfecho coroa o carnaval do povo; tal posicionamento contrariava as ideias dos literatos do período, porque estava em franca oposição ao seu ideal civilizador. Fazendo parte desse grupo de intelectuais e compartilhando parcialmente de seus posicionamentos, Artur Azevedo conseguiu demonstrar em sua obra dramática a simpatia pelo popular – e é nesse sentido que sua obra ganha relevo.

As personagens do "grupo do Cordão" representam a grande maioria da população carioca, pouco presente nos meios literários até então. O relevo dado às personagens da periferia urbana garante a verossimilhança externa, filtrada pela comicidade; assim, a burleta se aproxima dos contos humorísticos e das crônicas, em virtude de sua simplicidade e veracidade. A comédia de costumes surge aqui em sua melhor forma: além de criticar os hábitos e os problemas sociais muitas vezes esquecidos pelos demais gêneros literários, ela nos oferece diversos indícios sobre a vida de uma época, sem, por isso, deixar de sobreviver ao tempo, como esta nova edição vem atestar.

TRANÇAS MONSTRO

16 A PRAÇA DA CONSTITUIÇÃO 16 A

AS PARA ALUGAR

SITUAÇÃO DE CAFÉ

Compra-se uma com casa de moradia que tenha agua em abundancia; para informações, rua de S. Pedro 170.

4$000

aproveitem emquanto não vem o frio

A COCOTA

APROVEITEM

50$000

132 A RUA DE S. PEDRO 132 A

esquina da rua da Uruguayana

ARMAZEM DE

SILVA VIANNA & C.

THEATRO DE S. LUIZ

EMPREZA DO ACTOR J. A. DO VALLE

HOJE

TERÇA-FEIRA, 10 DE ABRIL DE 1877

A PÊRA DE SATANAZ

DR. CARDOSO DE MENEZES

THEATRO PHENIX DRAMATICA

EMPREZA DO ARTISTA HELLER

HOJE

TERÇA-FEIRA, 10 DE ABRIL DE 1877

RECITA DO AUCTOR

1ª representação da comedia em 1 acto original de ARTHUR DE AZEVEDO

A PELLE DO LOBO

Em seguida subirá á scena a parodia

ABEL, HELENA

escripta pelo mesmo auctor, a proposito da opera comica A BELLA HELENA, musica de OFFENBACH, ensaiada a capricho pelo maestro brazileiro

H. A. DE MESQUITA

A's 8 horas em ponto.

TERREMOTO DAS ANTILHAS

PAPA XISTO V

Anúncio da peça *A pele do lobo*, na *Gazeta de Notícias*, em 10 de abril de 1877.

A PELE DO LOBO
E OUTRAS PEÇAS

AMOR POR ANEXINS

Entreato cômico

Esta farsa, entremez, entreato, ou que melhor nome tenha em juízo, o meu primeiro trabalho teatral, foi escrito há mais de sete anos, no Maranhão, para as meninas Riosa, que a representaram em quase todo o Brasil e até em Portugal. Pô-la em música e em boa música, Leocádio Raiol; mas ultimamente representaram-na sem ela Helena Cavalier e Silva Pereira: desencaminhara-se a partitura. Tem agora nova música, e não inferior, de Carlos Cavalier.

Personagens

ISAÍAS
solteirão

INÊS
viúva

UM CARTEIRO

A cena passa-se no Rio de Janeiro.
Época, atualidade.

Ato único

Sala simples, janela à esquerda, portas ao fundo e à direita. Mesa à esquerda com preparos de costura. Num dos cantos da sala uma talha d'água. Cadeiras.

Cena I

Inês

Inês — (*Cose sentada à mesa, e olha para a rua, pela janela.*) Lá está parado à esquina o homem dos anexins! Não há meio de ver-me livre de semelhante cáustico. Ora eu, uma viúva, e, de mais a mais com promessa de casamento, havia de aceitar para marido aquele velho! Não vê! E ninguém o tira dali! Isto até dá que falar à vizinhança... (*Desce à boca de cena.*)

Copla[1]

Eu, que gosto, perdido
Tenho casamentos mil,
Com mais de um belo marido,
Garboso, rico e gentil,
De um velho agora a proposta,
Meu Deus! Devia aceitar?
Demais um velho que gosta
De assim tão jarreta andar!
Nada! Nada!
Não me agrada!
Quero um marido melhor!
É bem mau não ser casada,
Mas mal casada é pior.

[1]Versos a serem cantados pelos atores em cena.

Ainda hoje escreveu-me uma cartinha, a terceira em que me fala de amor, e a segunda em que me pede em casamento. (*Tira uma carta da algibeira.*) Ela aqui está. (*Lê.*) "Minha bela senhora. Estimo que estas duas regras vão encontrá-la no gozo da mais perfeita saúde. Eu vou indo como Deus é servido. Antes assim que amortalhado. Venho pedi-la em casamento pela segunda vez. Ruim é quem em ruim conta se tem, e eu que não me tenho nessa conta. Jamais senti por outra o que sinto pela senhora; mas uma vez é a primeira." (*Declamando.*) Que enfiada de anexins! Pois é o mesmo homem a falar! (*Continua a ler.*) "Tenho uns cobres a render; são poucos, é verdade, mas de hora em hora Deus melhora, e mais tem Deus para dar do que o diabo para levar. Não devo nada a ninguém, e quem não deve não teme. Tenho boa casa e boa mesa, e onde come um comem dois. Irei saber da resposta hoje mesmo. Todo seu, Isaías." (*Guardando a carta.*) Está bem aviado, Senhor Isaías! Vou às compras; é um excelente meio de me ver livre de vossemecê e de seus anexins. Vou preparar-me. (*Sai pela porta da direita. Pausa.*)

Cena II

[Isaías]

Isaías — (*Deita com precaução a cabeça pela porta do fundo.*) Porta aberta, o justo peca. (*Avançando na ponta dos pés.*) A ocasião faz o ladrão. Preciso estudar o gênio desta mulher: antes que cases, olha o que fazes. Dois gênios iguais não fazem liga; se a pequena não me sai ao pintar, para cá vem de carrinho. É preciso olhar para o futuro: quem para adiante não olha atrás fica; quem cospe para o ar cai-lhe na cara, e quem boa cama faz nela se deita. Resolvi casar-me, mas bem sei que casar não é casaca. Alguém dirá que resolvi um pouco tarde, porém, mais vale tarde que nunca. Deus ajuda a quem madruga, é verdade; mas nem por muito madrugar se amanhece mais cedo. Procurei uma mulher como quem procura ouro. Infeliz até ali! Vi-as a dar com um pau: bonitas, que era um louvar a Deus de gatinhas; mas... nem tudo o que luz é ouro; feias também que era um Deus nos acuda; mas muitas vezes donde não se espera daí é que vem. Quem porfia mata caça dizia com meus botões, e não foi nada, que enquanto o diabo esfrega um olho, cá a dona encheu-me... o olho. Pois olhem que não me passou camarão pela malha... Esta é viúva e costureira... Estou pelo beicinho, e creio que estou servido. Quem já deu não tem para dar, é certo; mas, ora adeus! quem muito quer muito perde. Já tomei informações a seu respeito: foram as melhores possíveis; mas como o saber não ocupa lugar, e mais vale um tolo no seu que um avisado no alheio, observei-a. Eu sou como São Tomé: ver para crer. Vi-a andar sempre sozinha... e nada de pândegas! Dize-me com quem andas, dir-te-ei as manhas que tens. (*Examinando a casa.*) Boa dona-de-casa parece ser! Asseio e simplicidade. Pelo dedo se conhece o gigante. Há de ser o que Deus quiser: o casamento e a mortalha no céu se talham. (*Reparando.*) Ai, que ela aí vem! (*Perfilando-se.*) Coragem, Isaías! Lembra-te de que um homem... (*Atrapalhando-se.*) é um gato e um bicho é um homem! Disse asneira...

Cena III

Isaías e Inês

Inês — (*Vem pronta para sair, ao ver Isaías assusta-se e quer fugir.*) Ai!

Isaías — (*Embargando-lhe a passagem.*) Ninguém deve correr sem ver de quê.

Inês — Que quer o senhor aqui?

Isaías — Vim em pessoa saber da resposta de minha carta: quem quer vai e quem não quer manda; quem nunca arriscou nunca perdeu nem ganhou; cautela e caldo de galinha...

Inês — (*Interrompendo-o.*) Não tenho resposta alguma que dar! Saia, senhor!

Isaías — Não há carta sem resposta...

Inês — (*Correndo à talha e trazendo um púcaro cheio d'água.*) Saia, quando não...

Isaías — (*Impassível.*) Se me molhar, mais tempo passarei a seu lado; não hei de sair molhado à rua. Eh! Eh! Foi buscar lã e saiu tosquiada...

Inês — Eu grito!

Isaías — Não faça tal! Não seja tola, que quem o é para si pede a Deus que o mate e ao diabo que o carregue! Não exponha a sua boa reputação! Veja que sou um rapaz; a um rapaz nada fica mal...

Inês — O senhor, um rapaz?! O senhor é um velho muito idiota e muito impertinente!

Isaías — O diabo não é tão feio como se pinta...

Inês — É feio, é!...

Isaías — Quem o feio ama bonito lhe parece.

Inês — Amá-lo eu?! Nunca...

Isaías — Ninguém diga: desta água não beberei...

Inês — É abominável! Irra!

Isaías — Água mole em pedra dura, tanto dá...

Inês — Repugnante!

Isaías — Quem espera sempre alcança.

Inês — Desengane-se!

Isaías — O futuro a Deus pertence!

Inês — Há alguém que me estima deveras...

Isaías — Esse alguém (*naturalmente*) sou eu.

Inês — Isso era o que faltava! (*Suspirando.*) Esse alguém...

Isaías — Quem conta um conto, acrescenta um ponto...

Inês — Esse alguém é um moço tão bonito... de tão boas qualidades...

Isaías — Quem elogia a noiva...

Inês — O senhor forma com ele um verdadeiro contraste.

Isaías — Quem desdenha quer comprar...

Inês — Comprar! Um homem tão feio!...

Isaías — Feio no corpo, bonito na alma.

Inês — (*Sentando-se.*) Deus me livre de semelhante marido!

Isaías — Presunção e água benta cada qual toma a que quer...(*Senta-se também.*)

Inês — (*Erguendo-se.*) Ah, o senhor senta-se? Dispõe-se a ficar! Meu Deus, isto foi um mal que me entrou pela porta!

Isaías — (*Sempre impassível.*) Há males que vêm para bem.

Inês — Temo-la travada.

Isaías — Venha sentar-se a meu lado. (*Vendo que Inês senta-se longe dele.*) Se não quiser, vou eu... (*Dispõe-se a aproximar a cadeira.*)

Inês — Pois sim! Não se incomode! (*Faz-lhe a vontade.*) Não há remédio!

Isaías — (*Chegando mais a cadeira.*) O que não tem remédio remediado está.

Inês — (*Afastando a sua.*) O que mais deseja?

Isaías — Diga-me cá: o seu noivo? ... (*Faz-lhe uma cara.*)

Inês — Não entendo.

Isaías — Para bom entendedor meia palavra basta...

Inês — Mas o senhor nem meia palavra disse!

Isaías — Pergunto se... fala francês...

Inês — Como?

Isaías — Ora bolas! Quem é surdo não conversa!

Inês — Mas a que vem essa pergunta?

ISAÍAS — (*Naturalmente.*) Quem pergunta quer saber.

INÊS — Ora!

ISAÍAS — (*Sentencioso.*) Dois sacos vazios não se podem ter de pé.

INÊS — Essa teoria parece-se muito com o senhor.

ISAÍAS — Por quê?

INÊS — Porque já caducou também.

ISAÍAS — (*Formalizado.*) Então eu já caduquei, menina? Isso é mentira.

INÊS — É verdade.

ISAÍAS — Não é.

INÊS — É.

ISAÍAS — Pois se é, nem todas as verdades se dizem. (*Ergue-se e passeia.*)

INÊS — Ah! O senhor zanga-se? É porque quer; não me viesse dizer tolices! (*Ergue-se.*)

ISAÍAS — (*Interrompendo o seu passeio, solenemente.*) Na casa em que não há pão, todos ralham, ninguém tem razão.

INÊS — Ora! Somos ainda muito moços!

ISAÍAS — Quem? Nós?

INÊS — (*De mau humor.*) Não falo do senhor: falo dele...

ISAÍAS — Ah! Fala dele...

INÊS — Havemos de trabalhar um para o outro...

ISAÍAS — É bom, é: Deus ajuda a quem trabalha.

Canto

INÊS –

Sem desgosto viveremos,
Seremos ricos, talvez;
Muitos morgados teremos...

 Isaías –

Mas um só de cada vez…
(*Zangado.*) A faceira
Talvez convidar-me queira
Para padrinho de algum!

Inês — E não suponha que, apesar de pobre, não me faça bonitos presentes o meu noivo.

Isaías — É! Quem cabras não tem e cabritos…

Inês — Insulta-o?

Isaías — Cão danado, todos a ele! Pois eu havia de insultá-lo, senhora?

Inês — Se estivesse calado…

Isaías — Sim, senhora: em boca fechada não entram mosquitos… Mas é que o seu futurozinho me interessa…

Inês — Muito obrigada. (*Senta-se.*)

Isaías — Não há de quê. Se bem que eu não seja nenhum Matusalém, estou no caso de lhe dar conselhos. Ouça-me; quem me avisa meu amigo é; quem à boa árvore se chega boa sombra o cobre.

Inês — Mesmo por já estar no caso de me dar conselhos, é que o não quero para marido.

Isaías — Se eu fosse jovem, não me havia de aceitar, por estar no caso de os receber. Preso por ter cão e preso por não ter!…

Inês — Não desejo enviuvar de novo…

Isaías — Vaso ruim não quebra…

Inês — Desengana-se, senhor: não são os seus ditados que me hão de fazer mudar de resolução! (*Passeia.*) Oh!

Isaías — (*Acompanhando-a.*) Talvez façam, talvez!… Devagar se vai ao longe… Muito tolo é quem se cansa… (*Inês volta-se, param defronte um do outro.*) Menina, antes só do que mal acompanhado… Olhe que o pior cego é aquele que não quer ver…

Inês — (*À parte.*) Vou pregar-lhe uma peta. (*Alto.*) Mas se me faltasse esse noivo, outros rapazes há que me têm feito pé-de-alferes.

Isaías — Águas passadas não movem moinhos!

Inês — E entre eles...

Isaías — O passado! passado!

Inês — Não me interrompa!... E entre eles há um ricaço que em outro tempo...

Isaías — O tempo que vai não volta!

Inês — Não me interrompa, já disse! E entre eles há um ricaço que noutro tempo se esqueceu da promessa...

Isaías — O prometido é devido!

Inês — Ai, mau!... se esqueceu da promessa que me havia feito; mas que está outra vez pelo beicinho...

Isaías — Cesteiro que faz um cesto faz um cento... (*Movimento de Inês. Com força.*) Se tiver verga e tempo! E quem é esse... ricaço?

Inês — É segredo.

Isaías — Segredo em boca de mulher é manteiga em nariz... (*A um gesto de Inês*) de homem! Mas faz bem, faz bem: o segredo é a alma do negócio...

Inês — O senhor tem na cabeça um moinho de adágios! Passa!...

Isaías — O que abunda não prejudica.

Inês — Bem! Para maçadas basta. Mude-se!

Isaías — Os incomodados é que se mudam.

Inês — Mas eu estou em minha casa, senhor!

Isaías — Descobriu mel de pau!

Inês — Irra! Que homem sem-vergonha!

Isaías — (*Examinando cinicamente a costura.*) Quem não tem vergonha todo o mundo é seu.

Inês — Se o meu noivo o visse aqui! Ele, que jurou dar cabo do primeiro rival que...

Isaías — Cão que ladra não morde... E eu sou homem!... tenho força... E contra a força não há resistência!...

Inês — (*Irônica.*) Ora, por quem é, não faça mal ao pobre moço, sim?

Isaías — Faço!... Quem o seu inimigo poupa às mãos lhe morre. Julga que não estou falando sério? Uma coisa é ver a outra...

Inês — (*No mesmo.*) Ora não faça tal.

Isaías — Faço! Isto é tão certo como dois e três serem cinco. São favas contadas. Quem não quiser ser lobo não lhe vista a pele!

Inês — Mas sabe que ele é valente?

Isaías — Também eu sou! Cá e lá más fadas há! Duro com duro não faz bom muro, e dois bicudos não se beijam!

Inês — Ponha-se ao fresco, preciso sair; tenho que fazer lá fora.

Isaías — E eu tenho que fazer cá dentro. Um dia bom mete-se em casa. (*Pausa.*) Olhe, senhora, olhe bem para mim, acha-me feio: não acha?

Inês — Ai, ai, ai!...

Isaías — Eu também acho, e feliz é o doente que se conhece. Mas muitas vezes as aparências enganam e o hábito não faz o monge. Experimente e verá. (*Suplicante.*) Case comigo.

Inês — Gentes!

Isaías — Ah! se fôssemos casadinhos, outro galo cantaria! Por exemplo: em vez de sair agora à rua, com este sol de matar passarinho, mandava-me a mim, ao seu maridinho...

Inês — (*Arremedando-o.*) Ao seu maridinho... (*À parte.*) Oh! Que ideia! Vou me ver livre dele. (*Alto.*) Então, sem sermos casados, não pode prestar-me um pequeno serviço?

Isaías — Conforme o serviço: ponha os pontos nos *ii*.

Inês — Se me fosse comprar três metros de escumilha. Olhe... Aqui tem a amostra... No armarinho do Godinho... Sabe onde é?

Isaías — Sei; mas quando não soubesse? Quem tem boca vai a Roma.

Inês — Está contrariado?

Isaías — O que vai por gosto regala a vida.

Inês — Tome o dinheiro.

Isaías — Nada... não é preciso... (*Vai saindo e estaca.*) Diabo! não me lembra um ditado a propósito! (*Sai.*)

Cena IV

[Inês]

Inês — Está bem aviado... Quando voltares, hás de achar a porta fechada. Safa! Que maçador! Agora, tratemos de sair: são mais que horas. (*Aparece à porta um carteiro.*)

Cena V

Inês, o Carteiro

O Carteiro — Boa tarde, minha senhora.

Inês — Boa tarde. O que deseja?

O Carteiro — Aqui tem esta carta... é da caixa urbana...

Inês — Uma carta? (*Recebendo a carta, consigo.*) De quem será? (*Ao carteiro.*) Obrigada.

O Carteiro — Não há de quê, minha senhora. Passe muito bem!

Inês — Adeus. (*O Carteiro sai.*)

Cena VI

[Inês]

Inês — Ah! A letra é de Filipe. Faz bem em escrever-me o ingrato! Há doze dias que nos não vemos... (*Abre a carta e lê. Jogo de fisionomia.*) "Inês. Peço-te perdão por ter dado causa a que perdesses comigo o teu tempo. Ofereceram-me um casamento vantajoso, e não soube recusar. Ainda uma vez perdão! Falta-me o ânimo para dizer-te mais alguma coisa. Dentro em uma semana estarei casado. Esquece-te de mim – Filipe." (*Declamando.*) Será possível! Oh! Meu Deus! (*Relendo.*) Sim... cá está... é a sua letra... (*Depois de ter ficado pensativa um momento.*) Ora, adeus. Eu também não gostava dele lá essas coisas... Digo mais, antes o Isaías; é mais velho, mais sensato, tem dinheiro a render, e Filipe acaba de me provar que o dinheiro é tudo nestes tempos. Espero aqui o Isaías com o meu "sim" perfeitamente engatilhado! Oh! O dinheiro...

Louro dinheiro, soberano esplêndido,
Força, Direito, Rei dos reis, Razão.
Que ao trono teu auriluzente e fúlgido
Meus pobres hinos proclamar-te vão.

Do teu poder universal, enérgico,
Ninguém se atreve a duvidar! Ninguém!
Rígida mola desta imensa máquina,
Fácil conduto para o eterno bem!

Aos teus acenos, Deus antigo e déspota,
Aos teus acenos, Deus moderno e bom,
Caem virtudes e se exaltam vícios!
Todos te almejam precioso dom!

Inda hás de ser o derradeiro ídolo,
Inda hás de ser a só religião,

Louro dinheiro, soberano esplêndido,
Força, Dinheiro, Rei dos reis, Razão!...

Cena VII

Inês, Isaías

Isaías — (*Entrando.*) Quem canta seus males espanta.

Inês — Já de volta! O senhor foi a correr!

Isaías — Nada! Quem corre cansa. Encontrei outro armarinho mais perto...

Inês — (*Tomando a fazenda.*) Muito obrigada. Quanto custou?

Isaías — Um pau por um olho. Mil e duzentos o metro...

Inês — Pois olhe: o outro vende mais barato.

Isaías — O barato sai caro, e mais vale um gosto do que quatro vinténs.

Inês — Regateou?

Isaías — Regatear! Para quê? Mais tem Deus para dar do que o diabo para tomar.

Inês — Já vejo que é tão pródigo de dinheiro como de anexins!

Isaías — Da pataca do sovina o diabo tem três tostões e dez réis. Poupado sim, sovina não. Eu cá sou assim! Nem tanto ao mar nem tanto à terra. Tenho um só defeito: quero casar-me. Cada louco com sua mania.

Canto

Há sido um gato sapato;
Preciso do casamento!
O maldito celibato
Não é viver, é tormento.

Quero honesta rapariga
Entre as belas procurar,
Muito embora o mundo diga:

Quem já andou não tem pra andar...

A existência de casado
Talvez venturas me traga,
Se diz verdade o ditado:
Amor com amor se paga.

Se eu for constante e fervente,
Ela tudo isso será;
Se eu amá-la eternamente,
Ela também me amará!

Eu escravo e a esposa escrava,
Viveremos sem desgosto;
Uma mão a outra lava
E ambas lavam o rosto!...

Faço-lhe pela milésima vez o meu pedido. Nem todos os dias há carne gorda. A senhora falou-me em um apaixonado. Por onde andará ele? Eu estou aqui, e mais vale um pássaro na mão do que dois a voar.

Inês — (*À parte.*) Levemos a coisa com jeito. (*Alto.*) O senhor... (*Com uma ideia.*) Ah!

Isaías — Oh!

Inês — Já viu representar *As pragas do Capitão*?

Isaías — Não, senhora. De pragas ando eu farto.

Inês — Era um militar que praguejava muito. A senhora que ele amava deu-lhe a mão de esposa, mas depois de estabelecer-lhe a condição de não praguejar durante meia hora.

Isaías — Falo em alhos, a senhora responde com bugalhos!

Inês — Já lá vamos aos alhos: aceito a sua proposta.

Isaías — (*Impetuosamente.*) Aceita?

Inês — Sim, senhor.

Isaías — (*Incrédulo.*) Qual! Quando a esmola é muita, o pobre desconfia...

Inês — Mas imponho também a minha condição...

Isaías — Imponha: manda quem pode.

Inês — Se conseguir levar meia hora sem...

Isaías — Sem praguejar?...

Inês — Não! Sem dizer um anexim! Se conseguir, é sua a minha mão.

Isaías — Deveras?

Inês — (*Sentando-se.*) Deveras.

Isaías — Mas eu posso estar calado?

Inês — Como assim?! Era o que faltava! Há de falar pelos cotovelos!

Isaías — Isso é um pouco difícil: o costume faz lei...

Inês — Ai, que escapou-lhe um!

Isaías — Pois o que quer? A continuação do cachimbo...

Inês — Faz a boca torta, já duas vezes.

Isaías — Nas três o diabo as fez.

Inês — Ai, ai, ai! Vamos muito mal!

Isaías — Mas não tínhamos ainda entrado em campo... Aqueles foram ditos de propósito. Agora sim! Agora é que são elas!

Inês — Outro!

Isaías — Protesto! "Agora é que são elas" nunca foi anexim. A César o que é de César!

Inês — O senhor vai perder... Olhe: são duas horas. (*Aponta para um relógio que deve estar sobre a mesa.*) Aceita o desafio? (*Pausa.*) Bem. Quem cala consente...

Isaías — Ah! Agora é a senhora quem os diz! Virou-se o feitiço contra o feiticeiro...

Inês — Ai, ai!

Isaías — Foi engano.

Inês — Dos enganos comem os escrivães. (*Pausa.*) Então? Diga alguma coisa...

Isaías — O que hei de dizer... senão... que gosto muito da senhora... e...

Inês — Pois diga: vai tantas vezes o cântaro à fonte, que lá fica.

Isaías — Não me provoque, senhora, não me provoque!

Inês — Cada qual puxa a brasa para sua sardinha...

Isaías — (*Agitado.*) Brasa! Sardinha! Oh! que suplício!

Inês — O que tem o senhor?

Isaías — Nada... não tenho nada... é que esta proibição me incomoda... Este maldito costume... parece que não estou em mim...

Inês — Sabe o que mais?

Isaías — Vou saber.

Inês — Diga o que quiser! Abra a torneira dos anexins, ditados, rifões, sentenças, adágios e provérbios... Fale, fale para aí!

Isaías — E a condição?

Inês — Caducou. (*Dando-lhe a mão.*) Aqui tem: sou sua.

Isaías — (*Contente.*) Minha! (*Em outro tom.*) E os outros?

Inês — Não existem, nunca existiram!

Isaías — Pois estou acordado? Se estiver dormindo, deixa-me estar: não me acordes.

Inês — Está bem acordado.

Isaías — Estou?! (*Pulando de contente.*) Então viva Deus! Viva o prazer!... Trá lá lá rá lá! (*Quer abraçá-la.*)

Inês — (*Gritando.*) Alto lá! Mais amor e menor confiança!

Isaías — É que o rato nunca comeu mel, quando come... (*Outro tom.*) Pode-se dizer este ditadozinho?...

Inês — Quantos quiser!

Isaías — (*Concluindo.*) … se lambuza! (*Tomando-lhe as mãos.*) E tu? Amas-me, meu bem?

Inês — Sossegue: o amor virá depois. Seja bom marido e deixe o barco andar!

Isaías — Apoiado. Roma não se fez num dia!

Inês — E tenha sempre muita fé nos seus anexins.

Isaías — É verdade: o que tem de ser tem muita força. O homem põe… e a mulher dispõe!…

Inês — Basta! Despeça-se destes senhores, e vá tratar dos papéis…

Isaías — Quem tem boca não manda… cantar. Mas, enfim…

(*Ao público.*)

Copla final

Antes que daqui nos vamos,
Inês vos dirá quais são
Os votos que alimentamos
No fundo do coração.

Inês –

Os votos que neste instante
Fazemos nestes confins
(*Deita a mão sobre o coração.*)
É que nos ameis bastante
Embora por anexins.

Ambos –

Muitas palmas esperamos
De vós:
Metade para o autor, metade para nós.

Cai o pano

A PELE DO LOBO

Comédia em um ato escrita em 1875 e representada pela primeira vez no Rio de Janeiro, no Teatro Fênix Dramática, em 10 de abril de 1877.

A Antonio Fontoura Xavier

Personagens

CARDOSO
subdelegado

AMÁLIA
sua mulher

APOLINÁRIO
PERDIGÃO
JERÔNIMO
MANUEL MARIA
VITORINO
O COMPADRE
UMA PARTE
DOIS SOLDADOS DA POLÍCIA

A cena passa-se no Rio de Janeiro.
Atualidade.

Ato único

Sala, secretária, relógio de mesa etc. etc.

Cena I

CARDOSO, AMÁLIA *vestidos para a cerimônia e prontos para sair.*

UMA PARTE[1] — (*Que logo sai, à porta do fundo.*)

CARDOSO — Sim, senhor; sim, senhor! Pode ir com Deus. Descanse, que hoje mesmo serão dadas as providências que o caso exige.

PARTE — Às ordens de Vossa Senhoria. (*Retira-se.*)

CARDOSO — Safa!

AMÁLIA — (*Erguendo-se.*) Deixar-te-ão desta vez?

CARDOSO — E metam-se! (*Passeando.*)

AMÁLIA — Hein?

CARDOSO — E metam-se a servir o país!

AMÁLIA — Para que aceitaste esta maldita subdelegacia?

CARDOSO — (*Ainda passeando.*) Eu não aceitei: pedi. Mas já tenho dito um milhão de vezes que os serviços prestados ao país e ao partido pesam muito no ânimo daqueles que me podem fazer galgar mais um degrau na escala social.

AMÁLIA — Deixa-te disso, Cardoso; um degrau dessa tão falada escala social não vale decerto o sacrifício que te custa essa autoridade de ca-ca-ra-cá. São uns desfrutadores, eis o que são! Hás de ser pago com um pontapé. Verás!

[1]Pessoa que faz a queixa de algum crime (dar parte) ao subdelegado. Todas as notas são da organização.

Cardoso — Hei de ser promovido na primeira vaga que aparecer. O Cantidiano está por pouco a bater a bota. Verás se o lugar é ou não é meu!

Amália — Fia-te na Virgem e não corras.

Cardoso — E uma vez que aceitei o cargo…

Amália — A carga, deves dizer.

Cardoso — Venha com ele o sacrifício. Antes de tudo o dever!

Amália — Estamos prontos para sair há duas horas.

Cardoso — (*Consultando o relógio de mesa.*) Há duas horas e dois minutos.

Amália — (*Embonecando-se ao espelho.*) Creio que não chegamos a tempo para o batizado.

Cardoso — Que remédio terão eles, senão esperar pelos padrinhos?

Amália — E o carro na porta há tanto tempo!

Cardoso — Anda com isso, anda com isso! E metam-se!

Amália — Hein?

Cardoso — E metam-se a servir o país!

Amália — Vamos. Não percamos mais tempo.

Cardoso — Vamos. (*Vão saindo. Batem palmas.*)

ambos — Bateram.

Cardoso — Quem é?

Apolinário — (*Fora.*) Sou eu.

Amália — Eu quem?

Apolinário — (*No mesmo.*) Um criado de Vossa Senhoria.

Cardoso — Entre quem é.

Amália — Temo-la travada! (*Entra Apolinário. Pisa macio e fala descansado.*)

Cena II

Os mesmos e Apolinário

Apolinário — (*À porta do fundo.*) Dá licença, senhor subdelegado?

Cardoso — Entre, senhor. (*Vai outra vez pôr o chapéu na secretária.*)

Apolinário — (*Entrando e sentando-se em uma cadeira que deve estar no meio da cena.*) Não se incomode Vossa Senhoria. Estou muito bem. Vossa Senhoria como tem passado?

Cardoso — Bem, obrigado. O que pretende o senhor?

Apolinário — Sua senhora tem passado bem, senhor subdelegado?

Amália — Bem, obrigada. O senhor o que pretende?

Apolinário — Ah! estava aí, minha senhora? Os meninos estão bons?

Amália — Que meninos, senhor?

Apolinário — Os seus filhos, minha senhora.

Amália — Não os tenho. E esta!

Apolinário — Pois levante as mãos para o céu e dê graças a Nosso Senhor Jesus Cristo! (*Sinais de impaciência em Cardoso e Amália.*) Eu tenho três, três! Todos três machos, felizmente. Mas que consumição! Que canseira! Quando não está um doente, está outro; quando não está outro, está outro; quando não está nenhum, está a mãe; quando não está a mãe, está o pai. Às vezes estão, filhos e pais, todos doentes. É preciso chamar a vizinha para dar-nos qualquer coisa. É uma lida, minha rica senhora! Peça a Deus que não lhe dê filhos. Olhe… (*Mostra a cabeça.*) Não vê?

Amália — O quê? O quê?

Apolinário — Já estou pintando… Ainda anteontem… Anteontem não… Quando foi, Apolinário? Segunda… terça…

Foi anteontem mesmo... Eu tinha acabado de tomar o meu banhinho e de ouvir minha missinha...

CARDOSO — (*Interrompe-o.*) Meu caro senhor, tomo a liberdade de preveni-lo que temos muita pressa e não podemos perder tempo. Íamos saindo justamente quando o senhor entrou...

APOLINÁRIO — (*Erguendo-se.*) Nesse caso, senhor doutor...

CARDOSO — Perdão; não sou doutor.

APOLINÁRIO — Fica para outro dia... Eu vinha dar minha queixa, mas... (*Cumprimenta.*) Senhor doutor... minha senhora... (*Vai saindo.*)

CARDOSO — Venha cá, senhor: já agora diga o que pretende.

APOLINÁRIO — (*Voltando-se e preparando-se como para um discurso, com força.*) Senhor subdelegado...

CARDOSO — Não é preciso gritar tanto...

APOLINÁRIO — Esta noite fui roubado.

CARDOSO — Diga.

APOLINÁRIO — Dezoito cabeças de criação... dezoito ou dezenove... Ontem esteve em nossa casa um cunhado meu, irmão de minha mulher, empregado no Arsenal de Guerra, e não tenho certeza de que ele levasse alguma galinha consigo, mas creio que não. Em todo caso, foram dezoito ou dezenove cabeças, não falando em um bonito galo de crista, que comprei no mercado, não há quinze dias.

CARDOSO — Muito bem. O senhor chama-se...

APOLINÁRIO — Apolinário, um criado de Vossa Senhoria.

CARDOSO — Apolinário de quê?

APOLINÁRIO — Apolinário da Rocha Reis Paraguaçu (*Dando um cartão.*) Olhe, aqui tem Vossa Senhoria meu nome e morada.

CARDOSO — Bem; pode ir descansado, que serão dadas as providências que o caso exige.

APOLINÁRIO — (*Preparando-se outra vez para um discurso e elevando muito a voz.*) Ainda não fica nisso, senhor doutor!

CARDOSO — Já tive ocasião de dizer-lhe, primeiro, que não é preciso gritar tanto; segundo, que não sou doutor.

APOLINÁRIO — (*Com a mesma inflexão, porém baixinho.*) Não fica nisso. Eu conheço o gatuno!

CARDOSO — E por que estava calado?

AMÁLIA — (*Não se podendo conter.*) Com efeito, Senhor Paraguaçu!

APOLINÁRIO — (*Atarantado.*) Hein! (*Falando com cada vez mais descanso.*) Não conheço eu outra coisa! Chama-se Jerônimo de tal, um ilhéu, um vagabundo, que foi há tempo cocheiro de bondes e agora não sai da venda de seu Manuel Maria, ao qual dizem que vende por um precinho de amigo, o que... (*Ação de furtar.*) Vossa Senhoria sabe qual é a venda de seu Manuel Maria? É a que fica mesmo em frente à casa do meu cunhado, do mesmo que esteve ontem em nossa casa, e sobre o qual estou em dúvida se levou ou não alguma galinha. (*A Amália.*) Mas que bonito galinho, senhora! Vossa Senhoria dava oito mil réis por ele com os olhos fechados... Era branco, branquinho, como aqueles patinhos do Passeio Público. Uma crista escarlate! Que bonito galo!

CARDOSO — Vamos! Não temos tempo a perder! Faça o favor de sentar-se naquela mesa e dar a queixa por escrito.

APOLINÁRIO — De muito bom gosto, senhor doutor. (*Obedece.*)

CARDOSO — E o senhor a dar-lhe! Já lhe disse que não sou doutor.

APOLINÁRIO — Isso é modéstia de Vossa Senhoria.

AMÁLIA — Parece de propósito, Senhor Paraguaçu.

CARDOSO — Deixa-o lá. (*Vai para junto de Amália.*) Que maçador! E metam-se!

AMÁLIA — Não chegaremos a tempo.

Apolinário — (*À mesa.*) Esta pena está escarrapachada, senhor subdelegado...

Cardoso — Vou dar-lhe outra... Vou dar-lhe outra...

Amália — Anda... Tem paciência... Acaba com isso. (*Cardoso vai abrir a secretaria e muda a pena da caneta.*)

Apolinário — Muito obrigado! Que incômodo tem tomado Vossa Senhoria! Mas também não há quem diga à boca cheia: "Aquilo é que é um subdelegado! Zelo até ali... É o pai das Partes!".

Cardoso — Faça o favor de escrever o que tem de escrever...

Apolinário — Às ordens de Vossa Senhoria. (*Escreve.*)

Cardoso — (*Voltando para junto de Amália.*) Decididamente peço a demissão!

Amália — Isso é o que já devias ter feito há muito tempo.

Cardoso — Olha que é bem difícil suportar uma maçada assim... E metam-se!

Amália — Hein?

Cardoso — E metam-se a servir o país!

Amália — Pede a demissão, Cardoso, pede a demissão.

Apolinário — (*Da mesa.*) Senhor subdelegado, faça o favor de me dizer o modo por que devo principiar este requerimento... Em matéria de polícia sou completamente leigo... Diga-me só o cabeçalho... O cabeçalho! O resto vai...

Cardoso — Ai, Senhor Paraguaçu! O senhor é maçante! Tenho estado a aturá-lo há meia hora!

Amália — (*Olhando o relógio.*) Há meia hora e sete minutos.

Cardoso — Estamos muito apressados, meu caro senhor... Não posso estar com isso...

Apolinário — Eu quis retirar-me quando Vossa Senhoria disse que...

Cardoso — Vamos lá! Escreva no alto – Ilustríssimo Senhor.

Apolinário — O Ilustríssimo Senhor – já cá está.

Cardoso — Bem (*Ditando.*) "O abaixo assinado, morador nesta freguesia, à rua de tal, número tal..."

Apolinário — (*Escrevendo.*) ...número treze...

Cardoso — "Queixa-se a Vossa Senhoria de que, ontem, às tantas horas da noite..."

Apolinário — "Queixa-se" é com *x* ou *ch*?

Amália — Ó céus! (*Rindo-se.*)

Cardoso — Como quiser! Não faço questão de ortografia.

Apolinário — Vai com *ch*. (*Acabando.*)... "da noite"...

Cardoso — Como está?! (*Vendo.*) Fulano de tal, tal, tal. Ah! (*Ditando.*) "Furtaram-lhe tantas galinhas..."

Apolinário — (*Escrevendo.*) ..."e um galo de crista"...

Cardoso — "...as suspeitas de cujo furto faz recair em Fulano de Tal." (*Consultando o relógio.*) E metam-se!

Apolinário — (*Escrevendo.*) "Fulano de tal, vulgo Barriga-cheia." Pronto!

Cardoso — Na outra linha: "Deus guarde a Vossa senhoria".

Apolinário — ... "a Vossa Senhora"...

Cardoso — Na outra linha: "Ilustríssimo Senhor Subdelegado de tal freguesia".

Apolinário — Pronto.

Cardoso — Assine.

Apolinário — ... "Apolinário da Rocha Reis Paraguaçu." (*Erguendo-se.*) Pronto.

Cardoso — Bem; agora pode ir descansado, que serão dadas as providências que o caso exige.

Apolinário — Com licença, senhor subdelegado... Às ordens de Vossa Senhoria...

Cardoso — Passe bem.

APOLINÁRIO — Minha senhora...

AMÁLIA — Viva. (*Volta-lhe as costas.*)

APOLINÁRIO — Sem mais incômodo. (*Saída falsa.*)

CARDOSO — Safa!

AMÁLIA — Saiamos, saiamos quanto antes! Pode vir outro... (*Vão saindo.*)

APOLINÁRIO — (*Voltando.*) Ia-me esquecendo, senhor subdelegado...

CARDOSO — Outra vez!

AMÁLIA — Assustou-me até!

CARDOSO — O que mais deseja?

APOLINÁRIO — Hoje, logo depois do almoço, encontrei-me cara a cara com o tal Jerônimo!

CARDOSO — Que Jerônimo, senhor?

APOLINÁRIO — O Barriga-cheia, o tal que me furtou as galinhas...

CARDOSO — E o que tenho eu com isso, não me dirá?

APOLINÁRIO — Direi, sim, senhor. Com licença. (*Desce à cena e senta-se.*) Chamei-o de ladrão! Disse-lhe assim: "Você é um ladrão!" - Com licença da senhora...

AMÁLIA — E o que tem meu marido com isso?

APOLINÁRIO — É que o sujeito tomou três testemunhas, e diz que me vai processar por crime de injúrias verbais.

CARDOSO — Mas, enfim, faz favor de me dizer para que voltou cá?

APOLINÁRIO — Vim prevenir a Vossa Senhoria de que...

CARDOSO — Vá prevenir ao diabo que o carregue!

APOLINÁRIO — (*Levantando-se.*) Senhor, doutor.

CARDOSO — (*Gritando.*) Já lhe disse que não sou doutor!

APOLINÁRIO — (*Imitando-o.*) Isso é modéstia de Vossa senhoria!

CARDOSO — Saia! Ponha-se ao fresco! Supõe o senhor que sirvo de joguete?

APOLINÁRIO — Mas Vossa Senhoria...

CARDOSO — Saia!

APOLINÁRIO — É que...

AMÁLIA — Oh! senhor, já é a terceira vez que se lhe diz – saia.

APOLINÁRIO — Minha senhora, eu... (*Tornando a sentar-se, com todo o sossego.*) Com licença...

AMÁLIA — Oh! isto é demais!

CARDOSO — Então, não ouve!

APOLINÁRIO — Quero justificar-me!

CARDOSO — (*Ameaçador.*) Cuidado, Senhor Paraguaçu!

APOLINÁRIO — Bem, Vossa Senhoria está em sua casa: manda. (*Levantando-se e cumprimentando.*) Às ordens de Vossa Senhoria.

CARDOSO — Viva! Há mais tempo! (*Passeia agitado.*)

APOLINÁRIO — Minha senhora...

AMÁLIA — Passe bem. (*Saída falsa de Apolinário.*) Que inferno! Que inferno! E metam-se!

APOLINÁRIO — (*Voltando.*) Acredite, senhor doutor, que eu não queria de forma alguma...

CARDOSO — (*Desesperado.*) Ah! ele é isso? (*Agarra uma cadeira e levanta-a, correndo para Apolinário.*)

AMÁLIA — (*Muito aflita.*) Ah! (*Suspende o braço de Cardoso. Ficam todos numa posição dramática.*)

APOLINÁRIO — (*Com todo o sangue frio.*) Tableau.[2] (*Desaparece.*)

[2] *Tableau*: O final de uma cena; "quadro", em francês.

Cena III

CARDOSO e AMÁLIA

CARDOSO — Vês, Sinhá, vês como um homem se deita a perder?

AMÁLIA — Sim, sim, mas vamos, anda daí!

CARDOSO — (*Caindo na cadeira que tinha nas mãos.*) E que dor de cabeça fez-me este bruto!... E metam-se.

AMÁLIA — Hein?

CARDOSO — E metam-se a servir o país!

AMÁLIA — Espera... vou buscar a garrafinha de água-flórida.[5] (*Sai e volta com a garrafinha.*)

CARDOSO — Depressa... depressa, Sinhá! (*Amália esfrega-lhe as frontes com água-flórida.*) Bem... basta... está pronto... Ai! que ferroadas! Deita a garrafinha em cima da mesa e vamos, vamos! (*Amália deita a garrafinha sobre a mesa e vai dar o braço a seu marido.*)

AMÁLIA — Vamos! (*Saem e voltam.*) Esqueci-me do leque. (*Entra à direita baixa.*)

CARDOSO — (*Falando para dentro.*) Que demora, Sinhá, que demora! Ainda há de vir alguém, verás! (*Passeia.*) Então não achas esse leque! Ai! minha cabeça! E metam-se! (*Quebra-se alguma coisa dentro.*) O que foi isso?! O que foi isso?! (*Corre também para a direita baixa.*)

AMÁLIA — (*Dentro.*) O meu frasco de água da Colônia!

CARDOSO — (*Dentro.*) Que pena!

AMÁLIA — (*Dentro.*) Ah! cá está o leque! (*Voltam à cena, de braço dado e dirigem-se para a porta.*)

CARDOSO — Já estou suando. (*Procura nos bolsos.*) Não tenho lenço.

[5]Água de colônia utilizada no século XIX para limpar, perfumar e fazer descarrego.

Amália — Oh! que maçada! Quanto mais pressa, mais vagar. (*Sai correndo pela direita baixa.*)

Cardoso — E metam-se, hein! E metam-se a servir o país!

Amália — (*Voltando com um par de meias na mão.*) Toma, toma... Apre! (*Dá-lho.*)

Cardoso — Isto é um par de meias, Sinhá! Estás a meter os pés pelas mãos! (*Restitui-lho.*)

Amália — Como está esta cabeça, meu Deus! (*Sai e volta com um lenço.*) Toma... Vamos... Uf!

Cardoso — Vamos! (*Encaminham-se para a porta. Batem palmas.*)

Ambos — Ah!

Cardoso — (*Fora de si.*) Não estou em casa!

Jerônimo — (*Aparecendo, de chapéu na cabeça.*) Licença para um...

Cena IV

Os mesmos e Jerônimo

Cardoso — Então é assim que se entra em casa alheia?

Jerônimo — (*Sombrio.*) Assim como? A casa da autoridade é uma repartição pública. (*Deita no chão a cinza de um cachimbo; e escarra na parede.*)

Cardoso — E que tal?

Amália — Vê o que ele quer, Cardoso?

Jerônimo — Venho preveni-lo de que é falso o que lhe veio hoje dizer um tal Paraguaçu, acerca de um furto de galinhas. É provável que ele lhe dissesse que eu, Jerônimo Linhares, vulgo Barriga-cheia, sou o autor desse furto, como andou por aí dizendo a quem quis ouvi-lo. É falso! (*Cospe outra vez na parede.*)

Amália — (*Empurrando um escarrador com o pé.*) Faz favor de não cuspir no chão... Aqui tem o escarrador... (*Jerônimo nem olha para Amália.*)

Cardoso — Era só isso? Estou ciente.

Jerônimo — Não, senhor; por isto só não vinha eu cá, ora viva! Venho queixar-me do queixoso por crime de injúrias verbais. Chamou-me de ladrão, e se quiser o mais, mande aquela mulher para dentro. (*Cospe outra vez na parede.*)

Cardoso — Pois apresente a queixa e as testemunhas.

Jerônimo — A queixa aqui está. (*Apresenta um papel sujo, que Cardoso pega com repugnância. Vai à porta do fundo.*) Ó compadre! Ó seu Manuel Maria! Ó seu Vitorino? Podem entrar... Nada de cerimônias!

Cardoso — (*A Amália.*) O tratante dispõe desta casa como se fosse sua!

Cena V

Os mesmos, Manuel Maria, depois O Compadre, depois Vitorino

Manuel Maria — (*Entrando.*) Aqui estou eu!

Compadre — (*Entrando.*) E eu...

Vitorino — (*Entrando.*) E eu...

Amália — Cardoso, dize-lhes que venham em outro dia... (*À Parte.*) Como cheiram a cachaça!

Cardoso — Meus senhores, tenham a bondade de voltar amanhã.

Jerônimo — Aí vem o maldito sistema da demora e do papelório.

Cardoso — Cala-te daí, insolente, que não tens autoridade para fazer considerações neste lugar... Apareçam terça-feira ou mesmo amanhã! Mas terça-feira é melhor, porque é o dia da audiência. Não posso estar agora com isto... Estamos prontos para sair há muito tempo!

AMÁLIA — Há três horas!

CARDOSO — (*Consultando o relógio.*) Há três horas e três minutos!

JERÔNIMO — (*Cuspindo na parede.*) Então, podiam ter dito logo! Escusava a gente de estar aqui à espera! É isto sempre! A autoridade vai para a pândega, e o povo que sofra!

CARDOSO — Insolente! Espera que te ensino! (*Agarra numa cadeira que está perto do toucador.*)

AMÁLIA — Cardoso! O que vais fazer?!...

JERÔNIMO — Ah! Ele é isso? (*Tira uma faca e deita a correr atrás de Cardoso. Amália fecha-se no quarto. As três testemunhas correm atrás de Jerônimo, para retê-lo. Cardoso apita.*[4])

MANUEL MARIA — O que é isto, seu Jerônimo?!

COMPADRE — Compadre, tenha mão!

VITORINO — Não se deite a perder! (*Cardoso continua a apitar. Confusão.*)

AMÁLIA — (*Grita de dentro.*) Aqui d'el-rei!

Cena VI

OS MESMOS e DOIS SOLDADOS

SOLDADOS — O que é isto? O que é isto?... (*Correm todos em redor da cena.*)

CARDOSO — Prendam-no! Prendam-no! (*Jerônimo é afinal preso.*) Levem-no! (*Os Soldados levam o preso.*) (*Saem também as testemunhas.*)

[4]No século XIX, a polícia utilizava um apito para chamar ou reunir os soldados para ação. As pessoas comuns também podiam apitar para chamar a polícia.

Cena VII

Cardoso e depois Amália

Cardoso — (*Caindo extenuado em uma cadeira.*) Uf!

Amália — (*Entrando.*) Feriu-te o maldito, feriu-te?

Cardoso — Creio que não. (*Apalpando-se.*) Não feriu, não, Sinhá! Se não fossem as ordenanças que estavam na porta, a estas horas estavas viúva!

Amália — Credo! Viúva!

Cardoso — Maldita subdelegacia! Maldita a hora em que aceitei semelhante cargo!

Amália — Como estás suando! Esta camisa é incapaz de aparecer no batizado...

Cardoso — É verdade! O batizado! Vou mudar de camisa...

Amália — Mas isso depressa... depressa! (*Saída falsa de Cardoso.*) Ó Senhor Deus! Isto contado lá se acredita! É bem feito, senhor meu marido, é bem feito! Quem não quiser ser lobo, não lhe vista a pele. (*Rolo na rua. Apitos. Gritos. Pancadaria. Amália vai à janela.*) Que vejo! Uma malta de capoeiras![5] Cardoso! Cardoso! Não tardam a entrar...

Cardoso — (*Entra em mangas de camisa e com o fitão de subdelegado.*[6]) O que é isto? (*Espirra.*) Atchim! Constipei-me... Atchim! O que é isto? Atchim! (*Sai a correr pelo fundo.*)

Cena VIII

Amália, depois Perdigão

[5]Grupos de capoeiras formados, em sua maioria, por homens mulatos e negros, que lutavam entre si e com a polícia, utilizando golpes de capoeira, navalha e bengalas como armas. As maltas foram duramente reprimidas pela polícia, no final do século XIX. Ver Introdução, p. 27.

[6]Fita utilizada por delegados e subdelegados, como símbolo do cargo.

Amália — Meu Deus! Hoje parece ser o dia de São Bartolomeu! Se não anda o diabo solto na cidade, ao menos nesta freguesia.

Perdigão — (*Entra apressado pelo fundo, vestido para a cerimônia.*) Ó compadre! Ó comadre!

Amália — Mais uma Parte!

Perdigão — Deixe-se de Partes!

Amália — Meu marido não está... (*Reparando.*) Ah! é o compadre!

Perdigão — Estamos até estas horas à espera do padrinho e nada!

Amália — Queixe-se da maldita subdelegacia, compadre! Estamos vestidos há três horas... (*Consultando o relógio.*) Há três horas e um quarto...

Perdigão — Ora! Para que foi o compadre buscar sarna para se coçar...

Amália — O compadre não imagina! Quantas vezes, alta noite, está ele sossegado a dormir, quando, de repente, é despertado pelas malditas partes...

Perdigão — Por força!

Amália — (*Indo à janela.*) Já está aplacado o rolo... (*Voltando.*) Hoje quase o matam!

Perdigão — (*Dando um salto.*) A quem?

Amália — Ao Cardoso.

Perdigão — Ah! Ele descia a escada com tanta impetuosidade! Ia em mangas de camisa e de fitão... Olhem que figura! Espirrava, que era um Deus nos acuda! "Viva!" lhe disse eu; ele, porém, não me conheceu, apesar de responder "*Dominus tecum*",[7] em vez de "Obrigado!"

[7] "Deus esteja contigo", em latim.

Cena IX

Os MESMOS *e* CARDOSO.

CARDOSO — (*Entra e cai espirrando em uma cadeira.*) Atchim!

PERDIGÃO — Viva!

CARDOSO — *Dominus te...* Quero dizer: obrigado... Atchim! Ah! é o senhor, compadre? Desculpe.

PERDIGÃO — Já sei de tudo... Está mais que desculpado... Mas não perca tempo!

AMÁLIA — Sim, não percamos tempo!

CARDOSO — Vamos! (*Ergue-se e deita o chapéu.*) Estou pronto!

PERDIGÃO — Em mangas de camisa, compadre?

CARDOSO — É verdade! (*Corre ao quarto e volta vestindo a casaca.*)

AMÁLIA — De fitão, Cardoso?

CARDOSO — É verdade! (*Despedaça o fitão zangado.*) Atchim!

PERDIGÃO — Já leu o que traz hoje o *Jornal* a seu respeito?

CARDOSO — Já: descompostura bravia! É o pago que dão a tantos sacrifícios.

PERDIGÃO — Diga antes: é o castigo que infligem ao erro de aceitá-los.

AMÁLIA — (*Impaciente.*) Vamos embora! (*Vão todos saindo.*)

Cena X

Os MESMOS *e* UM SOLDADO.

SOLDADO — (*A Cardoso.*) Trouxeram este ofício e esta carta para Vossa Senhoria. (*Entrega a carta e o ofício e sai.*)

CARDOSO — Dê cá. (*Abrindo a carta.*) Com licença. (*Lê.*) É um bilhete em que o oficial do gabinete do ministro me participa haver sido outro nomeado para a vaga do Cantidiano... E metam-se!

Perdigão — Hein?

Cardoso — E metam-se a servir o país! (*Abrindo o ofício.*) Com licença! (*Depois de ler o ofício.*) Sabem o que é? Minha demissão.

Perdigão e Amália — Demissão?

Cardoso — À vista do que a meu respeito tem aparecido na imprensa periódica!

Perdigão — Não falemos mais nisso! Vamos embora.

Cardoso — Poupou-me o trabalho de pedi-la.

Amália — Quem não quiser ser lobo...

Perdigão — Mas o compadre acaba de despir a pele do lobo. (*Apanhando o fitão.*) Ei-la!

Cardoso — Atchim! (*Saem todos três.*)

Cai o pano

O ORÁCULO
Comédia em um ato

Representada pela primeira vez no Rio de Janeiro, no Teatro Recreio Dramático, pela Companhia Dias Braga, em 2 de abril de 1870.

A Eduardo Vitorino
Que me fez escrever esta comediazinha

Personagens

HELENA
viúva

NÉLSON
advogado

FREDERICO PONTES
solteirão

JOSÉ
criado de Nélson

A cena passa-se na cidade do Rio de Janeiro. Atualidade.

Ato único

Sala e, ao mesmo tempo, consultório do doutor Nélson. Porta ao fundo. Duas janelas à esquerda e duas portas à direita. Estantes de livros, consolos etc. À direita, perto do primeiro plano, mesa carregada de livros, papéis, pena, tímpano, tinteiro, uma caixa de charutos etc. Perto da mesa, quase ao centro, uma poltrona.

Cena I

José, só.

José — (*Ao levantar o pano, José está refestelado na poltrona com um espanador na mão, a saborear um charuto.*) Digam lá o que disserem: não há vida melhor que a de um criado de um advogado rico e sem causas. Passo os dias numa beatitude invejável, sem ter absolutamente o que fazer, comendo e bebendo do melhor, e fumando magníficos charutos! O amo nunca está em casa, e eu faço de conta que tudo isto é nosso. Permita Deus que tão cedo não acabem os seus amores com a tal viúva das Laranjeiras. Enquanto aquilo durar, durará também a minha beatitude. E por que não há de durar? A viúva é bonita a valer, e não deve custar grandes sacrifícios por ser senhora abonada. (*Sinal de dinheiro.*) É esquisito que não se casem... ela, viúva... ele, solteiro. Mas Deus me livre de se lembrarem disso. Entrando uma mulher nesta casa, adeus beatitude! (*Toque de campainha. José levanta-se.*) Quem será? Algum cliente? Duvido! Seria o mesmo que aparecer uma violeta em dezembro. (*Indo espiar pelo buraco da fechadura da porta do fundo.*) Mas não me engano, é ela, é a viúva de Laranjeiras! Ora esta! É a primeira vez que aqui vem. Dar-se-á caso que... (*Novo toque de campainha.*) Lá vou! Lá vou! (*Abre a porta. Entra Helena elegantemente vestida. Toalete clara.*)

Cena II

José, Helena

José — (*Inclinando-se diante de Helena.*) Minha senhora.

Helena — Boa tarde. (*Procura alguém com os olhos.*)

José — Ele não está em casa, minha senhora.

Helena — Demora-se?

José — Não sei, porque não tem horas certas.

Helena — (*Encarando-o.*) Conhece-me?

José — Pois não, minha senhora. Mais de uma vez tive a honra de ir à casa de Vossa Excelência, a mandado do s'or doutor.

Helena — Sim... é verdade...

José — E, quando assim não fosse, bastava todos os dias ver o retrato de Vossa Excelência à cabeceira do leito do s'or doutor... (*Apontando para a porta da direita, primeiro plano.*) Ali naquele quarto.

Helena — O meu retrato?

José — Está parecidíssimo. Só lhe falta falar.

Helena — Ele saiu há muito tempo?

José — Logo depois do almoço.

Helena — Tem estado doente?

José — Não, minha senhora; está de perfeita saúde.

Helena — (*Arrebatadamente.*) Então por que há quatro dias não me aparece?

José — Não sei, minha senhora.

Helena — Está visto... não pode saber... não é da sua conta... Mas como estou nervosa e agitada!

José — (*Oferecendo-lhe a poltrona.*) Por que não se senta, minha senhora? (*Helena senta-se.*) Vossa Excelência quer que lhe vá buscar um copo d'água com um pouco de açúcar e uma gota de flor de laranja?[1]

Helena — Para quê?

José — Como Vossa Excelência disse que estava nervosa…

Helena — Pois sim, aceito. (*José inclina-se e sai. Helena ergue-se e percorre a cena.*) Não há que ver: está farto de mim! Desfez-se o encanto! Tudo acabou. Já o esperava: há muitos meses noto a mudança do seu entusiasmo de outrora. Melhor seria que nos houvéssemos casado. E dizer que fui eu que não quis! Dei-me tão mal com o casamento, que não me sorriu experimentá-lo de novo. Era bem independente para não me importar com o que dissessem. (*Senta-se e ergue-se logo em seguida, cada vez mais agitada.*) Mas não! É impossível que Nélson seja ingrato. Há três anos pertenço-lhe, e nunca tive outro amor, nunca pensei noutro homem. (*José volta trazendo um copo d'água numa salva de prata, que apresenta a Helena. Ela bebe alguns goles…*) Obrigada. (*José vai colocar a salva com o copo sobre um consolo…*) Diga-me, José. (*Ele aproxima-se.*) Chama-se José, não é assim?

José — José Tralhota, para servir a Vossa Excelência.

Helena — Diga-me. (*Arrependendo-se.*) Não, não me diga nada! (*À parte…*) Que ia eu fazer? Um criado!

José — Vossa Excelência pode confiar cegamente em mim. Há dois anos estou a serviço do s'or doutor Nélson e ele aprecia muito a minha discrição.

Helena — Não; não seria correto interrogá-lo. Não quero que o seu amo possa acusar-me da mais leve incorreção.

José — Sou um simples criado de servir, mas… possuo alguma penetração.

[1] A água, ou infusão, de flor de laranjeira é utilizada como calmante e contra enxaqueca.

HELENA — Que tenho eu com isso?

JOSÉ — Julgo ser agradável a Vossa Excelência afiançando-lhe que nada observei nesta casa que pudesse causar a Vossa Excelência a menor inquietação.

HELENA — Bom.

JOSÉ — Entretanto, se Vossa Excelência quiser, observarei daqui em diante ainda com mais cuidado, e comunicarei a Vossa Excelência.

HELENA — Cale-se! Por quem me toma? Espiá-lo? Nunca! (*Toque de campainha; sobressaltada...*) Será ele?

JOSÉ — Não, minha senhora. O toque de campainha do s'or doutor é mais enérgico, mais de dono da casa.

HELENA — Então algum cliente?

JOSÉ — Seria um fenômeno, mas... quem sabe? Tudo acontece. Não fizeram a avenida?[2] (*Indo ver pelo buraco da fechadura...*) Não, senhora, não é um fenômeno. (*Descendo...*) É um cavalheiro do meu conhecimento, que nunca vi cá em casa: o comendador Frederico Pontes.

HELENA — Frederico Pontes? Não quero que me veja! É um velho amigo de minha família.

JOSÉ — (*Indo abrir a porta do quarto da direita...*) Queira Vossa Excelência entrar para cá enquanto o despacho.

HELENA — (*Hesitando...*) No quarto dele?...

JOSÉ — (*Quase malicioso...*) Que tem isso? Vossa Excelência já lá está em fotografia. O original não será de mais.

HELENA — (*Ao entrar.*) Se ele aparecer, não lhe diga que estou no seu quarto.

JOSÉ — Sim, minha senhora.

HELENA — Quero causar-lhe uma surpresa.

[2]Referência à abertura da avenida Central, atual Rio Branco, pelo prefeito Pereira Passos, em 1906, no Rio de Janeiro.

José — E muito agradável. (*Helena sai.*) Parece-me que a água de flor de laranja lhe fez bem. (*Novo toque de campainha.*) Lá vou! Lá vou! (*Vai abrir a porta do fundo.*)

Cena III

José, Frederico

José — (*Inclinando-se.*) Queira entrar, s'or comendador Frederico Pontes. (*Entra Frederico. Homem quase septuagenário, bem conservado e elegante. Cabelos brancos. Monóculo. Polainas. Veste um fato claro da última moda, um pouco impróprio, talvez, da sua idade. Traz um pacote na mão.*)

Frederico — Então você conhece-me?

José — Se o conheço! Olhe bem para mim, s'or comendador: sou o José, o José Tralhota, que Vossa Excelência trouxe de Lisboa.

Frederico — (*Assestando o monóculo.*) Ah! sim... o meu criado de quarto do Hotel Central. Eras tão esperto, tão vivo, tão inteligente, que resolvi trazer-te comigo quando saí de Lisboa... Chegando, porém, ao Rio de Janeiro, arrependi-me, e pus-te no olho da rua. (*Senta-se na poltrona.*)

José — Ainda estou por saber o motivo dessa desgraça.

Frederico — Convenci-me de que tinhas espírito demais para um simples criado. Os Scapins[3] e Frontins[4] só me agradam na *Comédie*[5] ou no Odéon.[6] Fora dali acho-os detestáveis. Entretanto, ao saíres de minha casa, poderias aspirar a coisa melhor... Por que não te arranjaste no comércio?

[3] Nome de um criado, na comédia *Les Fourberies de Scapin* (1671), de Molière.

[4] Nome de um criado, na comédia *Marton et Frontin* (1804), de Jean-Baptiste Dubois.

[5] *Comédie Française*: grande companhia de teatro francesa, criada em 1680 e subvencionada pelo governo.

[6] Teatro francês inaugurado em 1782.

José — Não sou ambicioso... Agrada-me esta situação... considero-me colocado melhor que o meu amo.

Frederico — És filósofo... e mandrião.

José — Mais mandrião que filósofo.

Frederico — Estás então ao serviço do doutor Nélson?

José — Sim, senhor, e afianço-lhe que o doutor Nélson está satisfeito.

Frederico — Se ele fosse tão espirituoso como tu, não te poderia aturar.

José — Nem eu o aturaria.

Frederico — Ele fuma charutos tão bons como os que eu fumava?

José — Os charutos que ele fuma não se comparam com os de Vossa Excelência. Os de Vossa Excelência eram baianos; os dele são de Havana.

Frederico — Tanto melhor para ti. Eu gosto dos meus, e não quero de outros. (*Mostrando o pacote.*) Ainda agora aqui trago provisão para um mês. (*Erguendo-se.*) Vai pôr isto sobre um móvel qualquer. (*José coloca o pacote sobre um consolo.*) Pelo que vejo, teu amo não está em casa?

José — Não, senhor.

Frederico — Se é bem criado, não deve tardar. Escreveu-me, pedindo-me que desse um pulo até cá quando viesse à cidade, porque desejava fazer-me uma consulta.

José — Logo vi que Vossa Excelência vinha para ser consultado. Para consultar ainda está para ser o primeiro que aqui venha.

Frederico — Respondi-lhe dizendo que hoje às duas horas o procuraria. (*Consultando o relógio.*) Já são duas e cinco.

Cena IV

Os mesmos, Nélson, depois Helena, escondida.

NÉLSON — (*Entrando do fundo.*) O seu relógio está cinco minutos adiantado, comendador. O meu está certo pelo balão.

HELENA — (*Entreabrindo a porta, à parte.*) É a sua voz! É ele!...

FREDERICO — Mais minutos, menos minutos não quer dizer nada. (*Depois de apertar a mão de Nélson.*) Estou ao seu dispor.

NÉLSON — (*A José.*) Vá lá dentro. (*José sai pela direita, olhando para a porta do quarto onde Helena está escondida; leva a salva e o copo.*) Desculpe-me tê-lo incomodado, mas o senhor mora tão longe, na Gávea... para lá ir é preciso perder um dia inteiro... por isso pedi-lhe que quando viesse à cidade...

FREDERICO — Fez muito bem, não tem de que se desculpar. Sou um solteirão ocioso. Vivo dos rendimentos que escaparam à minha mocidade tempestuosa, e tornei-me um contemplativo, sem outra ocupação que não seja fumar e ler Balzac.

NÉLSON — (*Oferecendo-lhe uma cadeira perto da mesa.*) É o seu autor favorito?

FREDERICO — O favorito não, o único: Balzac é suficiente para a existência de um leitor. Na sua obra estão compendiados, não só toda a sociedade moderna, como todo o gênero humano. Tenho relido aqueles cem volumes não sei quantas vezes. Sempre que chego ao último, sinto saudades do primeiro, e atiro-me a ele com curiosidade e sofreguidão. Bastaram a Balzac vinte anos para escrever tudo aquilo; aos simples mortais como nós, meu caro Nélson, são necessários cinquenta para ler aquilo tudo. Mas vamos lá, que deseja de mim? (*Sentam-se, devendo Nélson ficar o mais perto possível de Helena, que continua escondida.*)

NÉLSON — Eu sei que o comendador é um dos brasileiros que mais têm viajado... Sei que, na sua mocidade, que o senhor é o primeiro a classificar de tempestuosa, teve um número considerável de aventuras galantes, e é tido como oráculo em questões de amor. Sei também que muitos rapazes inexperientes recorreram aos seus conselhos, e tais e tão discretos foram estes, que eles alcançaram tudo quanto pretendiam. Pois bem; fiado na velha amizade que o ligou a meu pai e na bondade com que sempre me tratou, quero também eu consultá-lo sobre um caso melindroso.

Frederico — Um caso de amor?

Nélson — Sim, um caso de amor.

Frederico — Exagerou quem lhe disse que sou oráculo. Alguma experiência, isso tenho, porque toda a minha vida rescende a *odor di femina.* As mulheres me custaram muito para que não me deixassem, pelo menos, o orgulho e a consolação de as ficar conhecendo. Entretanto, não foram elas, foi esse grande psicólogo, Balzac, quem fez de mim, em questão de amor, não um oráculo, mas um conselheiro modesto, embora avisado. Exponha-me o seu caso.

Nélson — Mas de antemão perdoe a maçada.

Frederico — Não é maçada. Estes assuntos, para mim, têm mais interesse que a navegação aérea e a telegrafia sem fios.

Nélson — Então um charutinho, para me ouvir com mais paciência. (*Oferece-lhe a caixa de charutos.*)

Frederico — (*Tirando um charuto.*) Aceito, mesmo porque sei que só fuma havanos.

Nélson — Sabe?

Frederico — Pelo seu criado.

Nélson — Ah! (*Acendem os charutos e fumam.*)

Frederico — Vamos lá.

Nélson — Há três anos sou o amante de uma senhora viúva, distinta, bem educada. Quero acabar com essa ligação. Que devo fazer?

Helena — (*À parte.*) Oh!

Frederico — É a primeira vez que sou consultado neste sentido. Ordinariamente recorrem à minha experiência os que desejam, não acabar, mas principiar. É indispensável, antes de mais nada, conhecer o motivo que o desgostou. Tem ciúmes dela?

Nélson — Ciúmes? Oh! se a conhecesse! É um modelo de meiguice, fidelidade e constância.

Frederico — Existe alguma particularidade que o afaste desse modelo?... Quero dizer: alguma enfermidade... Algum defeito físico...por exemplo: o mau hálito?

Nélson — Por amor de Deus! É uma mulher sadia, limpa, cheirosa!

Frederico — Então é feia?

Nélson — Feia? Uma das caras mais bonitas do Rio de Janeiro!

Frederico — Tem mau gênio?

Nélson — Uma pombinha sem fel.

Frederico — Então é tola, vaidosa, presumida, afetada, asneirona?...

Nélson — (*Interrompendo-o.*) Nada disso. É uma mulher de espírito e, como já lhe disse, perfeitamente educada.

Frederico — É devota? Anda metida nas igrejas? Passa horas esquecidas a rezar diante de um oratório?

Nélson — Apenas vai ouvir missas aos domingos.

Frederico — Talvez abuse do piano, ou cante desafinado...

Nélson — Não canta. Toca piano, mas não abusa. Digo-lhe mais: é uma boa intérprete de Chopin.

Frederico — O senhor gosta de outra mulher?

Nélson — Juro-lhe que não.

Frederico — Bom. Já sei o que é. O meu amigo aborreceu-se dela, porque não lhe descobriu defeitos. É boa demais.

Nélson — Quem sabe?

Helena — (*À parte.*) Oh!

Nélson — O caso é que esta ligação já durou mais tempo do que devia. Urge acabar com ela. A viúva tem uma filhinha que ainda está na idade em que se olha sem ver, mas a menina cresce a olhos vistos, e é conveniente fazer com que mais tarde não obrigue a mãe a corar.

FREDERICO — Isso agora é um pouco de hipocrisia. Que lhe importaria a filha se o senhor gostasse deveras da mãe? O amor não conhece escrúpulos nem conveniências.

NÉLSON — Demais, sou moço... tenho um grande horizonte diante de mim... enceto agora a minha carreira de advogado... Esta ligação pode prejudicar seriamente o meu futuro.

FREDERICO — Vá por aí. O que o inquieta é o seu futuro, e não o da menina. Mas diga-me: tem certeza, certeza absoluta de que essa mulher possui todas as perfeições?

NÉLSON — Se não é a mais perfeita, é a menos imperfeita que ainda conheci.

FREDERICO — Cuidado, meu amigo! Muitas vezes tem a gente certeza de uma coisa, e a coisa é outra, muito diversa. Por exemplo: este charuto, que o senhor pagou como sendo de Havana, é um rio-grandense que não troco pelo pior dos meus baianos. (*Levanta-se e vai atirar o charuto pela janela.*)

NÉLSON — (*Erguendo-se.*) Pois olhe, paguei-o bem caro.

FREDERICO — E as mulheres enganam mais facilmente que os charutos.

NÉLSON — Afirmo-lhe que a mulher de quem se trata é excepcional.

FREDERICO — E o senhor quer se ver livre dela?

NÉLSON — Quero!

FREDERICO — E a sua resolução é inabalável?

NÉLSON — Inabalável.

FREDERICO — Que esquisitice! Enfim, só há um meio de conseguir o que deseja... um meio violento, mas único.

NÉLSON — Qual?

FREDERICO — Suma-se! Desapareça!

NÉLSON — Ela irá procurar-me onde quer que eu vá.

FREDERICO — Boa dúvida; mas faça-se invisível, meta-se no mato e volte ao cabo de oito dias. Naturalmente ela aparece e pergunta em termos ásperos, ou sentidos, o motivo do seu procedimento. Muna-se então de um pouco de coragem, e responda o seguinte: "à vista de um fato que chegou ao meu conhecimento, nada mais pode haver de comum entre nós. Não me peça explicações: meta a mão na consciência, e meça a extensão do meu ressentimento."

NÉLSON — E se ela aparecer antes que eu desapareça? Há quatro dias não a procuro. Espero que de um momento para outro surja por aí. Admira-me até que ainda não tivesse vindo.

FREDERICO — Ela não lhe escreveu?

NÉLSON — Não há nada neste mundo que a obrigue a escrever uma carta, nem mesmo um simples bilhete ao amante. É um sistema que adotou e ao qual não cede, haja o que houver.

FREDERICO — Decididamente essa mulher é uma fênix. Eu, no seu caso, metia-a numa redoma.

NÉLSON — Mas diga-me... se ela aparecer?

FREDERICO — Atire-lhe a tal frase: "À vista de um fato..."

NÉLSON — (*Interrompendo-o.*) Mas que fato? Pois não lhe disse já que ela é um modelo de fidelidade?

FREDERICO — (*Sorrindo.*) Meu jovem amigo, devo parecer-lhe implacável para com o belo sexo; mas creia: não há mulher, por mais virtuosa, por mais amante, que não tenha alguma coisa de que a acuse a consciência. A sua bela viúva, em que pese às aparências, não deve, não pode escapar à lei comum. Desde que o senhor se refira positivamente, categoricamente, a um fato, embora não declare que fato seja, ela ficará persuadida de que o seu amante veio ao conhecimento de alguma coisa que se passou, e que a pobrezinha julgava encoberta no véu de impenetrável mistério.

NÉLSON — Mas quando mesmo ela tenha algum pecadilho na

consciência (juro-lhe que o não tem), com certeza protestará energicamente e exigirá que eu ponha os pontos nos *ii*; há de querer que eu declare a que fato aludo e... Vamos e venhamos! Como acusá-la sem consentir que ela se defenda?

FREDERICO — Ah! meu doutor! se pretende aplicar razões jurídicas ao caso, está bem arranjado! A jurisprudência do amor é absurda. Acuse, retire-se e não entre em explicações. Afianço-lhe que o êxito é seguro, tanto mais, perdoe-me este pequenino ataque ao seu amor... tanto mais que receio seja ela tão inocente como os seus charutos são de Havana. (*Indo buscar o chapéu e a bengala.*) E com esta, adeus! Siga o meu conselho e dê-me notícias suas. (*Estende a mão.*)

NÉLSON — (*Apertando-lha.*) Adeus, comendador, e muito obrigado. Vou acompanhá-lo até a escada.

FREDERICO — Por quem é, não se incomode!

NÉLSON — Ora essa é boa! (*Saem ambos pela porta do fundo.*)

HELENA — (*Vindo à cena.*) Agora nós!... é preciso que ele não me veja... quero mostrar a estes senhores que eu também li a *Comédia Humana*. (*Esconde-se atrás de uma das portas do fundo.*)

NÉLSON — (*No corredor.*) Adeus, comendador, e ainda uma vez obrigado! (*Volta sem ver Helena, e esta sai rapidamente pela porta do fundo.*)

Cena V

NÉLSON, depois JOSÉ

NÉLSON — "À vista de um fato que chegou ao meu conhecimento, nada mais pode haver de comum entre nós! Não me peça explicações. Meta a mão na consciência e meça a extensão do meu ressentimento!" Assim, sozinho, sem ela diante de mim, é fácil; mas dizer coisas destas a uma senhora de quem não se suspeita... Mas, se realmente... Qual! Pode lá ser! Decididamente há de faltar-me o ânimo. (*Com uma ideia.*) Se eu lhe escrevesse? O efeito seria o mesmo. (*Senta-se à mesa, dispondo-se para escrever e toca um tímpano. Molha a pena, prepara o papel etc. Entra José.*) Ninguém me procurou enquanto estive fora?

JOSÉ — (*Depois de lançar uma olhadela à porta do quarto.*) Ninguém.

NÉLSON — Feche aquela porta. (*Aponta para o fundo.*)

JOSÉ — (*Depois de fechar a porta, reparando no pacote que o Comendador deixou ficar.*) Oh! o s'or comendador deixou ficar aqui os charutos!

NÉLSON — Como sabe que são charutos?

JOSÉ — Ele disse-me.

NÉLSON — Conhecem-se?

JOSÉ — Pois se foi ele quem me trouxe de Lisboa.

NÉLSON — É um bom tipo.

JOSÉ — Magnífico.

NÉLSON — E atirado às mulheres, hein?

JOSÉ — Faziam dele gato-sapato.

NÉLSON — Deveras?

JOSÉ — E foi uma delas que o fez comendador.

NÉLSON — Como assim?

JOSÉ — Foi a condição que impôs aos seus favores. Parece-me estar ainda a ouvi-la: "meu Frederiquinho, enquanto não fores comendador, não serei tua!". Dai a quinze dias ele tinha a comenda de Cristo.

NÉLSON — Bom. Basta de dar à língua. Veja se o apanha no largo da Carioca. Provavelmente foi tomar o bonde da Gávea. Esses charutos devem fazer-lhe falta.

JOSÉ — É já. (*Vai abrir a porta do fundo.*)

Nélson — Por aí não. Vá pela porta da sala de jantar... (*José sai pela direita, segundo plano.*)

Cena VI

Nélson, depois Helena

Nélson — (*Tomando a pena e escrevendo.*) "Minha senhora, à vista de um fato..." (*Toque de campainha.*) Deve ser o comendador, que vem buscar os charutos... E eu lhos mandei levar! (*Levanta-se e vai abrir a porta. Entra Helena.*) Helena!

Helena — (*Com ímpeto.*) Meu Nélson, meu amor, que quer isto dizer? Há quatro dias não me apareces! É a primeira vez em três anos que a tua ausência foi tão prolongada!... Dize... que tens tu?... Que te fiz eu?... por que me recebes com tanta frieza?... que se passou?... disseram-te mal de mim?... fui vítima de alguma intriga?... Já me não amas? Dize! (*Pausa.*) Este silêncio... (*Com um grito.*) Ah! Tudo adivinho! amas outra!...

Nélson — (*Com um grande esforço.*) À vista de um fato que chegou ao meu conhecimento, nada mais pode haver de comum entre nós.

Helena — Que fato?

Nélson — Não me peça explicações.

Helena — Tenho, me parece, o direito não de pedi-las, mas de exigi-las.

Nélson — Meta a mão na consciência, e meça a extensão do meu ressentimento. (*Afasta-se.*)

Helena — Estou perdida! O miserável não guardou segredo! (*Cai sentada numa cadeira e cobre o rosto com as mãos.*)

Nélson — (*Com um sobressalto.*) O miserável?! Que miserável?!

Helena — Bem sabes quem é, pois vejo que nada ignoras.

(*Erguendo-se.*) Tens razão, Nélson: nada mais pode haver de comum entre nós. Aprecio e respeito a delicadeza dos teus sentimentos. (*Dirige-se para a porta do fundo.*)

NÉLSON — Ouve, Helena!

HELENA — Nada mais quero ouvir. Peço-te, como um último favor, que me não insultes. Eu estava na doce persuasão de que tudo ignorarias, de que jamais virias ao conhecimento de uma fraqueza que tão desgraçada me faz, porque cava um abismo entre nós. Vejo que o infame foi indiscreto e fez chegar aos teus ouvidos a notícia de uma vergonhosa aventura a que fui arrastada num momento de desvario, e da qual me arrependi amargamente. Que fatalidade! (*Finge que chora e soluça.*) Oh! Eu devia ter adivinhado que tudo sabias!... A tua ausência foi significativa, e eu, louca, na suposição estúpida de que poderia esconder a minha ignomínia! (*Com um soluço.*) Adeus!

NÉLSON — Mas vem cá... quero saber...

HELENA — Saber o que, se tudo sabes? Que resultaria de qualquer explicação entre os dois? O teu perdão?... Oh! não! não me perdoes, Nélson, porque o teu perdão deporia contra o teu caráter de homem de bem! (*Com outro soluço.*) Adeus! (*Encaminha-se para a porta.*)

NÉLSON — (*Tomando-lhe a passagem.*) Já te disse que quero saber.

HELENA — Se alguma coisa queres saber que não saibas, sabe que foi a tua frieza, o teu desprendimento, o pouco caso com que afinal começaste a tratar-me, que me determinaram a dar o mau passo que dei, e que tantas lágrimas me vai custar. Tu nunca me compreendeste... nunca estimaste o incomparável tesouro que havia aqui. (*Bate no peito.*)

NÉLSON — (*Enfurecido.*) Então era certo? Pertenceste a outro homem?

HELENA — (*Com doçura.*) Se já tão fria, tão tranquilamente mo disseste, por que o repetes agora com tanta veemência? Não fiquemos irritados um com o outro... separemo-nos como dois bons amigos... com um aperto de mão. (*Enquanto lhe aperta a mão.*) Adeus! Lembra-te sempre da infeliz Helena, que te ama ainda como sempre te amou, mas não procures nunca mais tornar a vê-la: não é digna de ti. (*Aproximando-se mais de Nélson, sem lhe largar a mão.*) Se algum dia te recordares, com pena, da nossa ventura passada, console-te a certeza de que a minha vida vai ser de agora em diante um inferno de remorsos e saudades. Adeus para sempre!

NÉLSON — (*Enlaçando-a.*) Não! Não sairás daqui sem me dizer o nome desse homem!

HELENA — (*Tranquilamente.*) Pois se o sabes...

NÉLSON — (*Furioso.*) Não sei! Queria experimentar-te... e não imaginava...

HELENA — (*Fugindo-lhe dos braços.*) Experimentar-me! Não compreendo! Se de nada sabias, como e por que me lançaste em rosto a minha culpa? E culpa foi? Pergunto agora. Tens acaso mais direito sobre mim que qualquer outro homem? Não sou eu livre como os pássaros? Não recusei a mão de esposo que me ofereceste? Sabes tu se nesse homem encontrei mais solicitude, mais carinho, mais amor do que em ti? Quem é aqui o credor? Que me deste em troca de quanto te dei? Por ti segreguei-me da sociedade, sacrifiquei o futuro de minha filha, enterrei a minha mocidade, porque imaginei que o teu amor compensasse tudo isso! Qual foi a compensação? Esse ardil infame de inventar um homem! Pois bem, Nélson, esse homem existe e nunca saberás quem é! Adeus!

NÉLSON — (*Agarrando-a.*) Helena! Helena! Dize-me o nome do teu amante!

HELENA — Cala-te! Não desças mais!

NÉLSON — (*Frenético e apaixonado.*) Desço! Desço! Quero descer, descer muito, contanto que te encontre lá embaixo!... Faze de mim o juízo que quiseres... despreza-me como ao mais abjeto dos homens... Mas essa terrível confissão fez com que o meu amor extinto despertasse mais violento, mais impetuoso que nunca!

HELENA — (*Tentando desvencilhar-se dos braços de Nélson.*) Deixa-me! Deixa-me.

NÉLSON — Ao meu amor faltou isto - o ciúme! Eu amo-te! Amo-te mais do que te amei, porque nunca me pareceste mais bela, nunca me seduziste assim!

HELENA — Não! Deixa-me! Não sou digna de ti!

NÉLSON — Cala-te, meu amor, minha amante, minha doce Helena! Perdoo-te! Amo-te! Adoro-te!

HELENA — Se realmente me amas, se me adoras, então és tu que não és digno de mim! (*Desprende-se dos braços dele e corre para a porta do fundo.*)

NÉLSON — (*Indo buscá-la.*) Vem cá... ouve... Não sou eu que te perdoo... És tu que me perdoas a mim, porque tens razão: o indigno sou eu. (*Helena finge que chora.*) Não chores... Senta-te aqui... ao pé de mim... e conversemos tranquilamente. (*Fá-la sentar-se na poltrona e senta-se numa cadeira.*)

HELENA — (*Enxugando as lágrimas fingidas.*) Nada disto sucederia se nos tivéssemos casado.

NÉLSON — Tu não quiseste...

HELENA — Se eu fosse tua mulher não te enganaria...

NÉLSON — Ainda estás em tempo de o ser.

HELENA — Oh! Nélson!

NÉLSON — Amo-te! Amas-me! Que nos importa o resto?

HELENA — Não, tu não me podes amar como outrora...

NÉLSON — Amo-te com mais paixão, com mais fogo! (*Enche-a de beijos; entra José e cobre os olhos com as mãos.*)

Cena VII

Nélson, Helena, José, que logo sai.

José — Ah!

Nélson e Helena — Ah!

Nélson — (*Erguendo-se.*) Que é? Tire a mão dos olhos!

José — Não encontrei o comendador no largo da Carioca. Voltei com os charutos.

Nélson — Pois guarde-os lá dentro. Logo à tardinha irá levá-los à Gávea.

José — (*À parte.*) Um passeio à Gávea! Oh! beatitude!... (*Sai pela direita, segundo plano. Nélson volta a sentar-se onde estava, ao lado de Helena.*)

Helena — Queres então que eu seja tua mulher?

Nélson — Esse é o único meio de sermos felizes; essa é a maior prova de amor que podemos dar um ao outro.

Helena — Imponho apenas uma condição.

Nélson — Dize.

Helena — Jamais e sob pretexto algum me pedirás explicações sobre o passado... nenhum nome procurarás saber...

Nélson — Persistes então em me ocultar...

Helena — (*Erguendo-se.*) Persisto.

Nélson — (*Erguendo-se.*) Seja!

Cena VIII

Nélson, Helena, Frederico

Frederico — (*Entrando.*) Com licença. Deixei ficar aqui os meus charutos. (*Vendo Helena, surpreso.*) Oh! a senhora Dona Helena aqui!

NÉLSON — Conhecem-se?

HELENA — Há muitos anos... O senhor comendador foi muito amigo de meu pai.

NÉLSON — E também do meu. Que coincidência.

FREDERICO — Coincidência, por quê?

NÉLSON — Porque somos noivos.

FREDERICO — Noivos?

HELENA — Acabamos de ajustar o nosso casamento.

FREDERICO — Parabéns, muitos parabéns... Mas os meus charutos? Tenho um bonde daqui a meia hora.

NÉLSON — Vou buscá-los. Estão com o criado. (*Sai pela direita, segundo plano.*)

Cena IX

HELENA, FREDERICO, depois NÉLSON e JOSÉ

HELENA — Aí está em que deram os seus conselhos, senhor oráculo!

FREDERICO — Os meus conselhos?

HELENA — Eu sou a fênix, a mulher ideal, de quem ele se queria ver livre, e ouvi tudo dali, onde estava escondida. Creia, não obstante a sua implacabilidade para com as pobres mulheres, que nunca tive outro amante... Mas disse-lhe o contrário... Confessei-lhe uma culpa que não tinha, porque só assim poderia reconquistá-lo.

FREDERICO — Mas agora que o casamento está tratado, é preciso dissuadir o pobre rapaz.

HELENA — Mais tarde, ou talvez nunca. Esse homem, que ele não sabe quem é... essa aventura misteriosa... essa ignóbil mentira é a garantia da minha felicidade. Enquanto ele supuser que não fui dele só, será só meu.

Frederico — Que mulher! Aquele idiota não a merece!

Helena — Merece... Hei de prová-lo. Tenho a minha ideia.

Frederico — (*À parte.*) Hum!

Nélson — (*Voltando com o pacote e acompanhado por José.*) Comendador, aqui tem seus baianos.

Frederico — Obrigado. (*Apertando a mão a Nélson.*) Meu amigo, renovo os meus parabéns, e, uma vez que se vai casar, recomendo-lhe que leia a *Fisiologia do casamento*.

Helena — De Balzac?

Frederico — De Balzac, sim. É uma fantasia licenciosa, mas genial, que corre mundo desde 1829, minha senhora... (*Aperta a mão a Helena.*)

José — (*A parte.*) Ele casa-se!... Adeus, beatitude!...

Cai o pano

COMO EU ME DIVERTI!
Conto-comédia

Personagens

Jorge
empregado no comércio

O Comendador Andrade
negociante, sócio principal da firma Andrade, Gomes & Companhia

Um Médico

Dona Maria
excelente senhora de meia-idade, estabelecida com casa de alugar cômodos a moços solteiros

A ação passa-se no Rio de Janeiro, em quarta-feira de cinzas.

Atualidade.

Ato único

A cena representa a sala e a alcova que Jorge ocupa em casa de Dona Maria. Atirado sobre um velho canapé, um hábito de frade encardido de suor e sujo de lama. No chão, um par de luvas, igualmente sujas, e um nariz de papelão quase a desfazer-se, preso a uns grandes bigodes e a um par de óculos.

Cena I

Dona Maria, O Médico

O Médico — Que tem ele?

Dona Maria — Não sei, doutor, não sei. O senhor Jorge tem muito bom coração, mas tem muito má cabeça: é doido pelo carnaval.

O Médico — Gabo-lhe o gosto.

Dona Maria — Ontem vestiu-se de frade, pôs aquele nariz postiço e andou, num carro todo enfeitado de flores, ao lado de uma sujeita que mora no *Hôtel Ravot*, acompanhando um préstito. Só o vestuário da pelintra lhe custou perto de oitocentos mil réis!

O Médico — Quem lhe disse?

Dona Maria — Os meus hóspedes não têm segredo para mim.

O Médico — Adiante.

Dona Maria — Para se não constipar, o pobre moço levou consigo, por baixo do hábito, uma garrafa de conhaque, e de vez em quando atiçava-lhe que era um gosto! Quando o préstito passou pela primeira vez na rua do Ouvidor (eu estava lá...), já ia o frade que não se podia lamber! Depois, na rua da Constituição, isto sei eu por um amigo dele, que tudo viu, outro moço, também fantasiado, bifou-lhe a pelintra, e isso deu lugar...

O Médico — ...a um rolo! Pudera!...

Dona Maria — Racharam-lhe a cabeça!

O Médico — Naturalmente.

Dona Maria — E o demônio do rapaz andou toda a noite, de cabeça rachada, à procura da tal mulher, dos Fenianos para os Tenentes,[1] e dos Tenentes para os Democráticos, bebendo sempre, até cair na rua do Fogo, às três horas da madrugada!...

O Médico — Com efeito!

Dona Maria — A polícia levou-o para a estação da Travessa do Rosário, e pela manhã uns amigos, que tinham sido avisados, trouxeram-no para casa.

O Médico — Onde está ele?

Dona Maria — Naquela alcova. Há cinco horas que ali está deitado, sem dar acordo de si. Por isso, mandei chamá-lo, doutor.

O Médico — Fez bem. Vamos vê-lo. (*Entram na alcova.*)

Cena II

Jorge, O Médico, Dona Maria. Na alcova, Jorge está de cama, com a cabeça amarrada, os olhos fechados, os braços caídos. O médico, ao ver o enfermo, tem um movimento que escapa à Dona Maria.

O Médico — (*Tomando o pulso ao doente.*) Não tem febre. (*De-*

[1]Fenianos (1867), Democráticos (1869) e Tenentes do Diabo (1855), três grandes sociedades carnavalescas que desfilavam no centro da cidade, nos dias de carnaval.

pois de examinar-lhe a cabeça.) O ferimento nada vale... Já lhe puseram uns pontos falsos; é quanto basta... O seu hóspede tem apenas o que os estudantes chamam uma "ressaca"; precisa de descanso e mais nada. Quando voltar a si, se quiser tomar alguma coisa, dê-lhe uma canja, dois dedos de vinho do Porto misturado com água de Vichy,[2] um pouco de marmelada, e disse. Se amanhã continuar incomodado, que tome um laxante.

Cena III

O Médico, Dona Maria. Na sala.

O Médico — (*Tomando o chapéu.*) A senhora não imagina como estimei por ter sido chamado para ver este senhor Jorge! Foi uma providência!

Dona Maria — Por que, doutor?

O Médico — Conheço-o, mas não sabia que se tratava dele. É o namorado, quase noivo de minha afilhada, filha do meu velho amigo Raposo. A menina gosta dele, e o pai já estava meio inclinado a consentir no casamento: tinham-lhe dado boas informações sobre este pândego. Agora, porém, vou prevenir o compadre, e dissuadir minha afilhada, que é muito dócil e me ouve acatamento.

Dona Maria — Valha-me Deus! E sou eu a culpada de tudo isto!

O Médico — Culpada, por quê?

Dona Maria — Por ter mandado chamar o padrinho! Pobre rapaz!...

O Médico — A senhora deve estar, pelo contrário, satisfeita, por ter indiretamente contribuído para este resultado. (*Voltando-se para a alcova.*) Que grande patife! Namorar

[2]Água com propriedades consideradas terapêuticas.

uma menina pura como uma flor, e andar de carro, publicamente, embriagado, em companhia de uma prostituta!

DONA MARIA — No carnaval tudo se desculpa.

O MÉDICO — Nada! Eu sou o padrinho, o segundo pai daquele anjo! (*Vai saindo.*)

DONA MARIA — (*Tomando-o pelo braço.*) Doutor, doutor, não vá assim zangado com o senhor Jorge... não diga nada à família da menina... Ah! se eu soubesse... Mas que quer?... Vejo que este hóspede tem segredos para mim... (*O doutor tenta safar-se.*) Ouça doutor... ele tem um bom emprego... é muito estimado pelos patrões...

O MÉDICO — E a minha afilhada tem um dote de cento e cinquenta contos!

DONA MARIA — (*Aterrada, largando o braço do Médico.*) Cento e cinquenta contos!

O MÉDICO — (*Saindo.*) Fora o que lhe há de caber por morte do pai! (*Chegando à porta, para, volta-se e diz:*) Canja... vinho do Porto... água de *Vichy*... marmelada... e disse! (*Sai.*)

Cena IV

DONA MARIA, depois ANDRADE

DONA MARIA — (*Dona Maria fica perplexa, de olhos baixos, na atitude de Fedra,*[3] *quando diz:*) *Juste ciel! qu'ai je faite aujourd'hui?*[4] (*É despertada bruscamente pelo comendador Andrade, que entra com grande espalhafato.*)

[3]Personagem mitológica que, ao ser rejeitada pelo enteado Hipólito, por quem se apaixonara, levanta uma série de calúnias sobre ele, que o levam à morte. Sentindo-se tremendamente culpada, ela se mata. Sobre esse mito, o dramaturgo Jean Racine (1639–1699) escreveu a tragédia *Fedra*, muito encenada no Brasil, durante do século XIX.

[4]"Ó justo céu! Por que fiz o que fiz?". Fala da personagem Fedra, na tragédia de Jean Racine. (Racine, *Fedra* (Trad. Millôr Fernandes.)

O Comendador — (*Gritando.*) Onde está o senhor Jorge?

Dona Maria — (*Consigo.*) Um homem zangado! É ele, é o pai da menina!...

O Comendador — Senhora, pergunto-lhe pelo senhor Jorge!

Dona Maria — Está doente... naquela alcova... dorme...

O Comendador — Já me contaram as façanhas que ele praticou esta noite! (*Apanhando o nariz postiço.*) Cá está uma prova! (*Atira-o longe.*)

Dona Maria — Desculpe-lhe essa rapaziada, e não lhe negue a mão da menina.

O Comendador — A mão da menina! Que menina?

Dona Maria — Sua filha.

O Comendador — Minha filha? Qual delas? Pois este mariola ainda por cima se atreve a erguer os olhos para uma das filhas do seu patrão!

Dona Maria — Do seu patrão? Ah! então não é o senhor Raposo?

O Comendador — Que Raposo, nem meio Raposo! Eu sou o Comendador Andrade, sócio principal da firma Andrade, Gomes & Companhia! O senhor Jorge está dormindo, disse a senhora...

Dona Maria — Sim, senhor.

O Comendador — Pois bem; quando acordar, diga-lhe que eu aqui estive, e o ponho no olho da rua! Que apareça para fazermos as contas!

Dona Maria — Atenda, senhor Comendador!

O Comendador — A nada atendo! A casa Andrade, Gomes & Companhia não pode ter empregados que se embriagam e passam a noite no xadrez! Era o que faltava! (*Sai arrebatadamente.*)

Cena V

Jorge, Dona Maria. Na alcova.

Jorge — (*Abre um olho, depois o outro, olha em volta de si, certifica-se de que está em sua casa, dirige a Dona Maria um sorriso de agradecimento, solta um longo suspiro, e exclama com voz rouca e sumida*) – Como eu me diverti!

Cai o pano

O CORDÃO

Burleta em um ato e cinco quadros

Representada pela primeira vez no Teatro Carlos Gomes, do Rio de Janeiro, em fevereiro de 1908

Personagens

ALFREDO
namorado de Florinda

GASTÃO
namorado de Rosa

REMÍGIO
praça reformado do Exército

FLORINDA
filha de Remígio

ROSA
irmã de Florinda

SALUSTIANO
presidente do Cordão

EMERENCIANA
esposa de Salustiano

ZECA
filho de Salustiano e Emerenciana

CAZUZA
malandro

Zé
: português, tocador de bumbo

Joaquina
: esposa de Zé

Gaudêncio
: tocador de harmônica

Conselheiro
: chefe de repartição dos dois primeiros

Ato único

Quadro 1

A cena representa uma travessa em Catumbi. À direita baixa, uma casa modesta com porta e janela; ao fundo, um muro e, ao centro da cena, uma amendoeira tendo por baixo um banco.

Cena I

Alfredo e Gastão

Alfredo — (*Entrando com Gastão.*) Aí tens! É naquela casinha que ela mora.

Gastão — Salve Dinorá, casta e pura!

Alfredo — Casta e pura, dizes muito bem.

Gastão — Mas a aparência é medíocre. Apesar de estarem os aluguéis... de casas pela hora da morte, aquilo é casa para uns cinquenta mil réis.

Alfredo — Já te disse que Florinda é paupérrima e de condição humilde. É filha de um velho soldado reformado, hoje servente ou coisa que o valha, numa repartição qualquer.

Gastão — Vê lá em que te vais meter!

Alfredo — As minhas intenções são as mais puras.

Gastão — Tira o cavalo da chuva. Não é, decerto, para te casares com ela que a namoras?

Alfredo — Por que não, se é honesta?

Gastão — Mas pertence a uma sociedade que não é a tua.

Alfredo — E a minha sociedade qual é?

Gastão — Mas...

ALFREDO — Deixa-te disso. No Brasil não há hierarquias sociais; somos todos da mesma massa.

GASTÃO — Essa rapariga não tem, não pode ter a tua educação.

ALFREDO — Enganas-te, meu amigo, não é mal-educada. O pai é analfabeto. Ela porém e a irmã...

GASTÃO — Ah! Tem uma irmã?...

ALFREDO — Uma irmã que também é bonita. Ambas sabem ler e são muito prendadas, porque um velho general muito bom e de quem o pai foi ordenança se incumbiu de educá-las.

GASTÃO — E que fim levou esse velho general?

ALFREDO — Morreu como todos os velhos generais. Morreu e deixou uns cobres às raparigas. Ah, se ainda vivesse, elas não estariam em casa do pai, onde vivem sozinhas porque perderam a mãe há muito tempo! Vê que perigo!

GASTÃO — E onde fizeste esse conhecimento?

ALFREDO — Pois ainda não te disse? Num cinematógrafo.

GASTÃO — Num cinematógrafo?

ALFREDO — No cinematógrafo Pathé. Bem sabes que não há nada que se preste a um namoro como um cinematógrafo! Encontramo-nos primeiramente na sala de espera. Aí começou uma correspondência ativa entre os nossos olhos. Parece que fomos fulminados simultaneamente, pelo mesmo raio vibrado do amor!

GASTÃO — Bonito! Mas não confunda Cupido com Júpiter!

ALFREDO — Cala-te e ouve. Ao atravessarmos aquela portinha estreita, ficamos apertadinhos um contra o outro. Na sala encontrei meio de sentar-me a seu lado. O bonito é que naquela balbúrdia ela separou-se do pai e da irmã. Quando a sala ficou escura, as nossas mãos encontraram-se. Estavam mortas para isso... E os nossos corações entenderam-se...

GASTÃO — Estás completamente perdido!

ALFREDO — Ela, a pobrezinha, tremia que nem a fita do cinematógrafo… uma fita muito comprida… tão comprida que tivemos tempo de contar um ao outro a nossa vida. Ela disse-me onde morava, perguntei-lhe se poderia falar aqui; respondeu-me que sim, à hora em que o velho saísse para a repartição. E aqui estou. E como somos velhos amigos e moramos juntos, pedi-te que me acompanhasses para o que desse e viesse.

Gastão — Isto é, para apanhar contigo a provável sova de pau! Cá estou! Os amigos conhecem-se nas ocasiões. Mas vê lá que o morarmos na mesma casa não é razão para apanharmos juntos.

Alfredo — Descansa que não haverá sangue! (*Vê o relógio.*) São nove horas, o pai já saiu ou está por sair. Ah, meu Gastão… isto é amor. (*Canta.*)

Romança

I

Não imaginas, meu amigo,
Que amor violento eu sinto aqui!
Já pregar olho não consigo,
Inda esta noite não dormi!
E quando, pela madrugada,
Ardendo em febre, adormeci,
A minha bela namorada
Aparecer-me em sonhos vi!

II

Tal qual fizera no bondoso
Cinematógrafo Pathé,
Tomei-lhe a mão, e um beijo ansioso
Lhe dei gostoso como quê…
A minha amada, com meiguice,
A soluçar não sei por que,
Medrosa e trêmula me disse:
– Eu gosto tanto de você!

Gastão — Só?

ALFREDO — Só!

GASTÃO — Ainda bem. Para sonho, as consequências não foram terríveis.

ALFREDO — (*Sério.*) Mesmo em sonhos eu seria incapaz de lhe faltar ao respeito.

GASTÃO — Pois sim!

ALFREDO — (*Olhando para a porta.*) Olha, abre-se a porta. É talvez o velho que vai sair.

GASTÃO — Cuidado com o lombo!

ALFREDO — Bico! Escondamo-nos atrás desta amendoeira. (*Escondem-se atrás da árvore.*)

Cena II

OS MESMOS, REMÍGIO e depois FLORINDA e ROSA. REMÍGIO sai de casa, fecha a porta com chave e guarda no bolso.

REMÍGIO — (*Que ia saindo, voltando.*) Não se esqueçam de ver se a galinha já tirou os pintos!

AS DUAS — Sim, papai!

REMÍGIO — Meninas, não se esqueçam de limpar a minha espingarda! A lixa está por trás do alguidar grande, na despensa.

ROSA E FLORINDA — (*Dentro.*) Sim, papai.

REMÍGIO — Aprontem o jantar mais cedo. Olhem que hoje há ensaio.

FLORINDA — (*Dentro.*) Ainda não se sabe.

ROSA — (*Dentro.*) Disse que o delegado ia proibir.

FLORINDA — Se houver, seu Salustiano virá prevenir a gente.

REMÍGIO — Pois se seu Salustiano vier dizer que há ensaio, aprontem o jantar mais cedo. (*Vai sair e volta.*)

ROSA E FLORINDA — Sim, papai!

REMÍGIO — E janelas fechadas, hein? Não abram, venha quem vier. Falem com seu Salustiano mesmo de dentro.

ROSA E FLORINDA — Sim, papai.

REMÍGIO — (*À parte.*) Da porta não tenho medo, porque levo a chave comigo. (*Alto.*) Até logo. (*Sai.*)

ROSA E FLORINDA — Sim, papai.

Cena III

Os MESMOS, menos REMÍGIO.

FLORINDA — (*Abre a janela e aparecem os dois.*) Janelas fechadas? Não vê! E o meu Alfredo?

ALFREDO — (*A Gastão.*) O seu Alfredo! Oh! que delícia!

ROSA — Ah! Florinda! Você não pensa noutra coisa!

FLORINDA — Pudera!

GASTÃO — (*À parte, a Alfredo.*) A irmã é mais bonita!

ALFREDO — (*Idem.*) São opiniões!

FLORINDA — Ele deve estar perto… Vamos até à esquina espiar?

ROSA — Papai pode voltar.

FLORINDA — Não volta, não. (*Fecham a janela e vêm à cena pela porta, com muita cautela. Alfredo e Gastão saem do esconderijo, as duas assustam-se.*)

FLORINDA E ROSA — (*Com medo.*) Ah!

Quartetino

ALFREDO – (*Canta.*)

Não tenhas medo!
É o teu Alfredo
Que te aparece!
Trouxe comigo
Fiel amigo!
Para o que desse
E viesse

 ALFREDO –

Não tenhas medo! etc.

GASTÃO –

Não tenhas medo! etc.

ROSA –

Não tenhas medo! etc.

ALFREDO –

Por detrás da amendoeira
Ardendo como uma brasa,
Esperei uma hora inteira
Saísse o velho de casa.

FLORINDA – (*Mostrando Gastão.*)

Este moço é moço sério?

ALFREDO –

É de toda confiança.

GASTÃO –

Confie no meu critério.

ROSA –

Tenho medo à vizinhança...

ALFREDO –

Ninguém passa a esta hora
Nesta lôbrega travessa;
Nem sequer um cão agora
Este deserto atravessa;

Mas se julgas que na rua
Não 'stamos em segurança,
Entremos na casa tua!
Lá não vai a vizinhança!

As duas –

Isso não!
Isso não!

Todos –

Aquela porta não passarão!
É o teu Alfredo etc.
É o meu Alfredo etc.
É o seu Alfredo etc.

Alfredo — (*Puxa Florinda para a extrema esquerda, e Gastão e Rosa sentam-se no banco.*) Então como tens passado, desde aquela noite feliz?

Florinda — (*Baixa os olhos.*) Com muitas saudades...

Alfredo — De quem?

Florinda — De quem há de ser?!

Alfredo — Gostas muito de mim?

Florinda — Se não gostasse, não estaria aqui. Mas peço-lhe, Alfredo, que não abuse da minha condescendência e trate quanto antes de ser meu marido, porque sou digna de você, juro-lhe por essa luz que nos alumia!

Alfredo — Que beleza!

Florinda — Mas olhe: minha irmã irá para a nossa companhia! É preciso que saiamos ambas daqui... desta casa... deste bairro... não posso sozinha com papai, que... que... (*Chora.*)

Alfredo — Então que é isso? Choras, meu amor?

Florinda — Papai é bom, muito bom, coitado, mas não mede o alcance de sua responsabilidade e julga que fechar a porta e levar a chave no bolso é quanto basta!

Alfredo — É verdade! Como conseguiste sair, se ele está com a chave?

Florinda — As chaves são duas e papai supõe que é uma só...

(*Mudando de tom.*) Mas vamos ao que importa: o nosso casamento?

Alfredo — O nosso casamento é todo meu desejo... mas os meus recursos são limitados... Já te disse que não passo de um simples amanuense de secretaria... Não te posso dar luxo...

Florinda — Luxo?! Basta que me dê o que tenho em casa de meu pai. E, demais, eu trabalho, e coso perfeitamente, posso ajudá-lo... E já lhe disse que dindinho, o general, nos deixou alguma coisa a mim e à minha irmã... Mas eu preciso sair daqui... Imagine que papai nos leva a um cordão carnavalesco!

Alfredo — Que encanto eu acho na tua voz! Como me agradam os teus modos!

Florinda — Sou como as outras. Você é que me vê e ouve com olhos de namorado... Também eu gosto tanto de você!

Alfredo — Ah, meu Deus! A mesma frase do sonho.

Florinda — Que sonho?

Alfredo — Um sonho que eu tive. Sonhei... que me dizias isso mesmo.

Florinda — Também eu sonhei com você... Você de casaca preta e eu de vestido branco! Uma grinalda de flores de laranjeira na cabeça... subíamos os degraus de um altar muito bonito... com muitas velas... muitas flores... um padre muito velhinho à nossa espera lá em cima. (*A Rosinha.*) Não foi, Rosinha? (*Rosa, que conversa com Gastão, não ouve.*) Rosinha...

Rosa — (*Como despertando.*) Que é?

Florinda — Eu não te disse que sonhei que estava vestida de noiva?

Rosa — E seu Alfredo de casaca, foi mesmo. E eu creio que esta noite vou também sonhar com o outro...

Gastão — (*A Alfredo.*) Ah! meu amigo! Que ingenuidade!

Que candura! Que rapariga deliciosa! E olha que é muito mais bonita do que a irmã.

ALFREDO — São opiniões.

GASTÃO — Estou apaixonado, sabes?

ALFREDO — Apaixonado, já?

GASTÃO — E então, tu?!

ALFREDO — Sim, mas eu, ao menos fui ao cinematógrafo. A eletricidade influiu talvez para a rapidez das minhas impressões. Pois, ainda bem, os quatro nos entenderemos perfeitamente. Estou resolvido a casar.

GASTÃO — Também eu. Já lho disse, (*alto*) não foi Rosinha?

ROSA — O quê?

GASTÃO — Não lhe disse que desejava ser seu marido?

ROSA — Disse, mas eu não sei se foi de bobagem.

GASTÃO — Que bobagem que nada. Sou teu. És minha. Acabou-se.

FLORINDA — Xi! Lá vem seu Salustiano!

ALFREDO E GASTÃO — Quem é?

FLORINDA — O presidente dos Foliões do Itapiru.

ALFREDO — Ah, o tal cordão?

FLORINDA — Vem prevenir a gente de que hoje há ensaio. Adeus, adeus.

ALFREDO — Assim, sem um beijo?

FLORINDA — Não, os beijos ficam para os maridos. Os namorados que se contentem com um bom aperto de mão. (*Saem para casa e fecham a porta.*)

ALFREDO — Que diabo de homem será esse presidente dos Foliões do Itapiru?

GASTÃO — Vamos para trás daquela amendoeira e observemos.

ALFREDO — Bem lembrado. (*Escondem-se.*)

Cena IV

Os mesmos e Salustiano. Salustiano, pernóstico, pardavasco, grande carapinha, pretensa elegância, procurando os termos e sibilando ss. Entra e vai bater à porta.

Alfredo — A figura é de um verdadeiro cafajeste.

Gastão — Cala a boca.

Florinda — e Rosinha (*Dentro.*) Quem bate?

Salustiano — Eu, gentis donzelas! Salustiano Barradas... Vosso ilustre progenitor está em casa?

Rosa — Não, senhor. Papai saiu.

Florinda — Não abrimos a janela, porque ele não quer.

Salustiano — E faz muito bem. As donzelas são melindrosas flores, que devem ser guardadas com o mais espontâneo recato. Tenham a bondade, senhoritas, de dizer ao vosso honrado progenitor, quando ele voltar do labor cotidiano e sintomático, que hoje há ensaio.

Rosa e Florinda — Sim, senhor.

Salustiano — A autoridade policial desta circunscrição permitiu, contanto que o ensaio não passe das onze horas.

Rosa e Florinda — Sim, senhor.

Salustiano — Até logo, gentilíssimas flores.

As vozes — Adeus, seu Salustiano.

Alfredo — (*A Gastão.*) Vou falar àquele tipo.

Gastão — Para quê?

Alfredo — Tenho uma ideia. (*Aproximando-se de Salustiano e cumprimentando-o com muita cortesia.*) Oh! meu caro senhor Salustiano Barradas.

Salustiano — Cavalheiro. Não tenho a honra de lhe conhecer.

Alfredo — Isto não quer dizer nada. Basta que eu o conheça. E quem o não conhece?

Salustiano — Favores... s... s...

Alfredo — Sei que estou em presença do ilustre presidente do grupo de Foliões do Itapiru

Salustiano — Efetivamente... Oh, um modesto grupo destinado a arrastar as almas sensíveis na elucubração dos folguedos carnavalescos... s... s...

Alfredo — Pois eu e aqui o amigo... dá licença que lho apresente? É o senhor... senhor... Vasconcelos...

Salustiano — Senhor Vasconcelos... Tem um humilde servo preponderante às suas ordens...

Alfredo — O amigo e eu somos doidos pelo carnaval... mas o verdadeiramente popular, o carnaval bem entendido, o carnaval de cordão.

Salustiano — Percebo, chefe. (*Faz uns passes de velho, quando dançam.*)

Alfredo e Gastão — Isso! Isso!

Coplas

SALUSTIANO –

Deixem lá falar quem fala,
Pois o melhor carnaval
Não é carnaval de sala
Nem da Avenida Central.
O verdadeiro carioca
Nascido nesse torrão
Por nenhum carnaval troca

Os três – (*Dançando.*)

O do cordão!
O do cordão!
Dão, dão, dão, dão!

SALUSTIANO –

Ninguém nestes belos dias
Se diverte como nós,
Que odiamos as sombrias
Figuras dos dominós!
Carnaval que, como vinho,
Torna alegre o coração,
É o carnaval do povinho,

OS TRÊS – (*Dançando.*)

O do cordão!
O do cordão!
Dão, dão, dão, dão

ALFREDO — (*Fala.*) Oh! esse carnaval… Só esse nos entusiasma e alvoroça!

SALUSTIANO — Vejo que falo com pessoal escovado. Mas não percebo o motivo desta intervenção jurídica e jubilosa para o meu eu.

ALFREDO — Teríamos muito prazer em assistir a um ensaio dos Foliões do Itapiru.

GASTÃO — Aí está!

SALUSTIANO — Com mil vontades, meu chefe!… Não me furto a esse regozijamento… Lá estamos todas as noites na sede da nossa exuberante sociedade, isto é, na nossa humilde choupana… naquela rua… avenida… Ah! eu também moro numa avenida! Avenida Xavier, número 17, casa F, porta 11.

ALFREDO — Pois hoje mesmo lá iremos.

SALUSTIANO — Mas com franqueza: Vossas Senhorias não são do nosso pessoal. Vão encontrar naquela vivenda certas incoerências fatais… uns em chinelos, outros em trajes menores; vulgo… mangas de camisas… e ouvir palavras pouco amenas e abstratas!

ALFREDO — Já me lembrei disso, não por nós, mas pelo pessoal.

Como desejamos que estejam todos à vontade, iremos disfarçados. E o senhor nos apresentará como velhos amigos do outro bairro, que os vão visitar.

GASTÃO — O que nós queremos é apreciar o ensaio.

SALUSTIANO — Estamos entendidos... Direi que o chefe é quitandeiro e aqui o senhor...

GASTÃO — (*Distraído.*) Barbosa...

SALUSTIANO — Perdão, Vasconcelos... s...

ALFREDO — (*Emendando.*) Pois é, Barbosa de Vasconcelos.

SALUSTIANO — Vossa Senhoria, será... será...

GASTÃO — Vendedor de fósforos baratos.

SALUSTIANO — Irá com vestes sacerdotais?

GASTÃO — Não, senhor, a secular...

SALUSTIANO — Secular, gosto!... O moleque é sarado! (*Despede-se.*) Creiam, cidadães conspícuos, que têm neste seu criado um servo preponderante, pródigo e observante de todas as pragmáticas ultra-sociais... Avenida Xavier...

ALFREDO — Dezessete!

GASTÃO — Casa F.

SALUSTIANO — Porta 11. (*Sai cantando.*)

Cena V

ALFREDO e GASTÃO

GASTÃO — Mas que linguagem tão esquisita! Dez homens assim são capazes de reformar a língua portuguesa.

ALFREDO — No teatro, pareceria um exagero. Entretanto, o tipo existe, é comum. (*Olhando para a janela.*) Ah! Florinda, agora compreendo as tuas lágrimas.

GASTÃO — É preciso arrancá-las a esta sociedade.

ALFREDO — E fazer delas as companheiras das nossas vidas. Vamos arranjar os nossos disfarces.

GASTÃO — Mas que ideia a tua!

ALFREDO — Estamos na época de carnaval. Portanto, vamos.

GASTÃO — Vamos para a casa. Adeus, Rosinha!...

ALFREDO — Adeus, Florinda. Coitadinhas! Devem estar limpando a espingarda do pai. (*Saem atirando beijos à casa. Mutação.*)

Quadro 2

Em casa de Salustiano. Sala pobre característica. Ao fundo, sobre uma velha cômoda, o estandarte do Grupo Carnavalesco Foliões do Itapiru. Bancos de madeira etc.

Cena I

SALUSTIANO e depois EMERENCIANA Salustiano entra, e deixando perceber que está um tanto bebido.

SALUSTIANO — Emerenciana. Emerenciana...

EMERENCIANA — (*Entra do interior.*) Que é, seu Salustiano?

SALUSTIANO — (*Sem mover-se.*) Hoje o ensaio é aqui na sala.

EMERENCIANA — Ora! A sala é tão pequena!

SALUSTIANO — Não faz mal.

EMERENCIANA — O Zeca já tinha levado as *cadeira* e a mesinha pro *quintá*.

SALUSTIANO — Espero dois amigos. Não quero que eles suponham que o Grupo Carnavalesco Foliões do Itapiru não tenha um teto.

Emerenciana — Quem são esses amigos?

Salustiano — Você não conhece eles.

Emerenciana — (*Chama.*) Zeca!

Zeca — (*Dentro.*) Senhora... (*Percebe-se que o menino responde de má vontade.*)

Emerenciana — Torna a *trazê* pra dentro a mesinha e as *cadeira*, que tu levou pro *quintá*. (*A Salustiano.*) Se você esperava dois *amigo*, pra que foi *bebê*?

Salustiano — (*No mesmo lugar.*) Percebe-se no meu semblante que eu bebi?

Emerenciana — No seu semblante, não sei. Mas quando você põe o chapéu pra *trais*, pisca muito os *olho* e fica parado no mesmo lugar com medo de dar um passo e cambalear... já se sabe que esteve na venda... Você quando tem visita não devia *bebê*!

Salustiano — Por quê?

Emerenciana — Acaba sempre dando bordoada nelas! Dando ou levando...

Salustiano — Hoje não haverá motivo para essa demonstração típica. (*Fala para dentro.*) Oh, menino... não ouviste... traz as *cadeira...*

Emerenciana — Você é muito bom *home*, seu Salustiano, é um *home* inteligente que até fala *dificel*, mas tem um defeito...

Salustiano — Que defeito?! (*Emerenciana faz gesto de beber.*) Minha esposa, beber não envergonha ninguém.

Emerenciana — Que não envergonha, que nada! E quando vai preso?

Salustiano — Minha esposa: as crianças bebem, as virgens donzelas em casa de seus extremosos pais bebem! Todos bebem; eu é que não hei de beber?

Emerenciana — Beba água!

Salustiano — Na culta Europa ninguém bebe água. O rio Sena

não presta pra nada. Ali só se bebe vinho, cerveja, água de *Seltes* e água de Caxambu.[1]

Cena II

Os mesmos e Zeca

Zeca — (*Vem do interior arrastando umas cadeiras de pau. Doze anos, descalço e esfarrapado.*) Se a senhora não queria as *cadeira no quintá*, por que me *mandô levá elas?* (*Coloca as cadeiras ao fundo à esquerda.*)

Emerenciana — Bota aí as *cadeira* e cala a tua boca, diabo. Foi teu pai que mandou.

Salustiano — (*A Zeca, que vai saindo.*) Então não tomas a bênção ao autor dos teus dias e das tuas noites?

Zeca — (*Com arremesso.*) Ah! (*Sai.*)

Emerenciana — Este menino é a minha desgraça!

Salustiano — Deixe. Isso é falta de *instruquição* primária e secundária. Vai *fazê* doze anos e devia já estar na escola.

Emerenciana — Devia. Mas *quedê* roupa? *quedê* sapato? Você não se importa... (*Vendo Zeca, que entra arrastando mais duas cadeiras.*) Veja como está sujo e esfarrapado!

Zeca — Isto parece casa de malucos!

Emerenciana — Vai tomar a bênção a teu pai.

Zeca — Não vou... Não vou! (*Coloca as cadeiras.*)

Emerenciana — É assim que tu *arrespondes* à tua mãe? Coisa ruim...

Zeca — É.

Emerenciana — (*Correndo atrás de Zeca, que foge pela frente de Salustiano.*) Eu te mostro, coisa ruim, desavergonhado.

[1]Marcas de água mineral vendidas em garrafa.

Zeca — (*Continua a correr, Emerenciana persegue-o.*) Não mostra nada.

Emerenciana — Patife! Bêbado!

Zeca — Se eu sou bêbado, foi meu pai que me ensinou a *bebê*. (*Foge pela direita baixa.*)

Emerenciana — Está ouvindo, seu Salustiano?

Salustiano — Estou. Aquilo é o fruto sazonado de uma educação inóspita e desbragada! Hei de *corrigi ele*.

Emerenciana — Isso diz você há muito tempo. O pequeno acabará feito vagabundo.

Zeca — (*Entra com uma mesinha de pinho, muito suja.*) Com esta vida que eu levo aqui, não posso *dá* senão pra ladrão.

Salustiano — Deixe-se de impertinências esdrúxulas e vá buscar um castiçal com uma vela acesa, porque estamos quase no escuro!

Zeca — (*Com maus modos.*) Ah! (*Sai.*)

Emerenciana — Esse capeta ainda há de ser a causa da minha morte... Mais eu *amostro* a ele o que é uma pernambucana... (*Ouvem-se palmas.*)

Salustiano — São talvez os amigos que espero. (*Grita para dentro.*) Menino... Olha esse castiçal!... (*Vai à porta, faz entrar Alfredo e Gastão, que vêm disfarçados. Zeca entra com uma vela metida no gargalo de uma garrafa e coloca-a sobre a mesa.*)

Cena III

Os mesmos, Alfredo e Gastão

Salustiano — Entrai, meus nobres amigos... (*Apresentando-os a Emerenciana.*) O senhor...

Alfredo — Pereira...

SALUSTIANO — O senhor Pereira, meu velho camarada, negociante matriculado, estabelecido com comércio de quitanda, aves domésticas e louça do país. (*A Zeca.*) Vá buscar outro castiçal, que ainda está escuro.

ZECA — (*Com maus modos.*) Ah! (*Sai.*)

SALUSTIANO — (*Continuando.*) O senhor...

GASTÃO — Abdul Abdala!... Sou turco.

SALUSTIANO — Vendedor ambulante de fósforos *barato. Surge et ambula*... footnote "Levanta-te e anda", em latim. Frase tirada do Evangelho de São João.

GASTÃO — *Fosfe barata.* (*Zeca entra com garrafa e vela, coloca--as sobre a mesa.*)

SALUSTIANO — Dona Emerenciana Barradas... Minha legítima esposa.

ALFREDO E GASTÃO — Minha senhora...

EMERENCIANA — (*Com mesura.*) Seu Pereira... Seu como se chama... *sejem* bem aparecidos nesta sua casa...

SALUSTIANO — (*A Zeca.*) Menino, vai buscar outro castiçal, mas sem vela! (*Zeca sai com arremesso.*) Com licença. (*Toma uma vela e vai iluminar o estandarte.*) Admirem!

ALFREDO E GASTÃO — (*Admirando.*) Oh!...

SALUSTIANO — O nosso estandarte... (*Lendo.*) Grupo Carnavalesco. Foliões do Itapiru. A primeira ideia foi filhos, e não foliões. Filhos do Itapiru. Mas filhos prestava-se a anfibologia fantástica e preliminar! Ficou foliões! Que tal acham a pintura?

ALFREDO E GASTÃO — Soberba! Magnífica!

ALFREDO — Um Ticiano.

GASTÃO — Um Rafael!

SALUSTIANO — O pintor é um gênio. Infelizmente só pinta casas, e lá uma vez por outra alguma tabuleta adventícia e tópica.

(*Põe a vela sobre a mesa.*) Oh! As artes, neste país, não têm o sufrágio das iminências plásticas!

ALFREDO — Isso não têm. (*Baixo a Gastão.*) Percebeste?

GASTÃO — (*Baixo a Alfredo.*) Ele está que não se pode lamber.

EMERENCIANA — (*Vai buscar as cadeiras e coloca-as junto à mesa.*) Façam o favor de se abancar.

ALFREDO E GASTÃO — Obrigado. (*Sentam-se.*)

ALFREDO — Viemos um pouco cedo...

SALUSTIANO — Sim, os ensaios nunca principiam antes das sete e meia, porque os nossos companheiros têm ocupações variadas e problemáticas... (*Toma de Zeca, que entra, uma garrafa.*) Se os meus nobres amigos querem provar desta abrideira simbólica e providencial... (*A Zeca.*) *Quedê* os copos?

ALFREDO E GASTÃO — Não se incomode, depois...

EMERENCIANA — Vai buscar os copos, burro.

ZECA — Sim, minha mãe. (*Sai e volta com os copos.*)

SALUSTIANO — Desculpai essa *ofragiologia*... bem lhes preveni que ouviriam palavras abstratas e incoerentes. (*Deita cachaça em um copo.*) Então não vai uma gota virtuosa?

ALFREDO E GASTÃO — Agora não. Depois...

SALUSTIANO — Então, à nossa! (*Bebe.*)

EMERENCIANA — Não beba mais, Salustiano.

Cena IV

Os mesmos e Cazuza

CAZUZA — (*Entra esbaforido, como que perseguido por alguém. Gastão e Alfredo assustam-se.*) Aqui estou seguro... Que sangangu de maçadas! Que sangangu onça, seu Salustiano! (*Vendo Alfredo e Gastão, interroga-o com o olhar.*)

SALUSTIANO — São de paz.

CAZUZA — Foi no botequim de seu Chico. O Espanta quebrou uma cadeira na sinagoga do trouxa. Tudo por causa daquela mulata do outro dia.

SALUSTIANO — *Cherchê la fama.*[2] E foi preso? (*A Gastão e Alfredo.*) O Espanta, de quem se trata, é o tesoureiro dos Foliões do Itapiru.

ALFREDO — Ah!

CAZUZA — Foi preso.

SALUSTIANO — Lastimável incidente!

CAZUZA — Não houve tempo de fugir da canoa. O Miudinho, o Pan-americano e eu *arresistimo*. Eu dei um banho de fumaça num praça de polícia, que coriscou rente na alegria do tombo; mas veio o reforço e o Pan-americano foi pegado.

SALUSTIANO — Que pena, o nosso porta-estandarte!

CAZUZA — O Miudinho abriu o chambre pelo Nheco acima e eu abri esta menina. (*Abre uma navalha e faz passos de capoeiragem.*) E brinquei uns cinco minutos assim. Depois meti a cabeça num praça. (*Quer meter a cabeça em Alfredo, que foge.*)

ALFREDO — Pra lá!

CAZUZA — Passei uma rasteira noutro... (*Passa uma rasteira em Gastão, que cai.*) Azulei pela travessa do Navarro, passei pelo túnel, caí no Rio Comprido e era uma vez seu Cazuza. (*Vai à garrafa e bebe por ela.*)

SALUSTIANO — (*Ajuda Gastão a levantar-se.*) Isto não é nada. Simples brincadeira. (*Apresenta.*) Nobres amigos, apresento-lhes o grande Cazuza, terror do Catumbi, e secretário dos Foliões do Itapiru.

CAZUZA — Viva!

GASTÃO — (*A Alfredo.*) Acho prudente irmos embora.

[2]Deturpação do francês *cherchez la femme*, "procurai a mulher", com o sentido de que, achada esta, será descoberta a razão da desavença.

Alfredo — Deixá-las com essa cáfila, nunca. (*Ouve-se tocar harmônica.*)

Emerenciana — (*À porta.*) É seu Gaudêncio.

Salustiano — É a nossa orquestra. Por falar em orquestra, Zeca, vai buscar os pandeiros. (*Zeca sai e volta com os pandeiros. Entra Gaudêncio, embriagado, tocando harmônica. Salustiano vai recebê-lo à porta.*)

Cena V

Os mesmos, Gaudêncio, depois Zé e Joaquina

Salustiano — (*Apresenta.*) O maestro Gaudêncio, que quanto mais bêbado está, melhor toca. Vejam que expressão! Que alma! Que fulgurância divina e harmoniosa!

Emerenciana — Mais não toca outra coisa senão aquela porca. (*Gaudêncio senta ao fundo depois de beber na garrafa.*)

Gastão — (*A Alfredo.*) Os copos são inúteis. Bebem todos pelas garrafas. (*Entram Zé da Carroça e Joaquina, tipos de portugueses de cortiço.*)

Zé — (*Na porta.*) Ora *biba* lá o *S'or* Salustiano e *mal* a companhia.

Joaquina — Como está, *S'ora* Emerenciana?

Salustiano — Oh, o estimável vizinho, Senhor Zé das Carroças... Como vai essa bizarria?

Zé — *Bamos indo, bamos indo*, graças a deus! *Bim bere o* ensaio do *grúpio*.

Salustiano — Ainda bem. (*Apresenta-os.*) Este é o primeiro bombo do Zé Pereira.

Joaquina — Mas não *debes abusare* porque ano passado, depois do *carnabal, lebaste* uma s'mana inteira que nem podias *muber* o braço.

Zé — Cá a Joaquina também quis *bir bere o ensaio*. Que isto de mulheres, em lhe dando pra *avelhudas* não há quem possa co elas. (*Bebe pela garrafa.*)

SALUSTIANO — Receio que não tenhamos ensaio. Ou que tenhamos um ensaio perfunctório e dogmático; o Espanta e o Pan-americano estão engaiolados.

JOAQUINA — Ai!

ZÉ — Já *tardaba*! Há oito dias que não iam ao xilindró!

CAZUZA — (*Formalizando.*) Que tem você com isso, seu trouxa?

JOAQUINA — Eh, lá!... cá co meu *home* não quero que se *ingracem*.

CAZUZA — Eu...

SALUSTIANO — Cazuza, amigo, este é o meu lar doméstico, e é também a sede do nosso cordão. Comporte-se com toda a dignidade e prosopopeia.

CAZUZA — Não há novidade, seu Salustiano.

SALUSTIANO — Não! Agora não me chama seu Salustiano; me chama seu presidente.

CAZUZA — Não há novidade, seu presidente.

GASTÃO — (*A Alfredo.*) Isto acaba mal!

ALFREDO — Nada receies.

GASTÃO — Um trambolhão já levei.

SALUSTIANO — Mas como ia dizendo: o Espanta e o Pan-americano estão na gaiola... e o Miudinho homiziado no morro do Nheco.

EMERENCIANA — (*Na porta.*) Aí vem seu Remígio e traz as moças.

ALFREDO E GASTÃO — São elas!...

Cena VI

Os mesmos, Remígio, Rosa e Florinda

Salustiano — (*Indo recebê-lo.*) Oh, o grande, o incomensurável, o célebre Remígio e suas adoráveis filhas, as flores mais odorantes e embrionárias dos jardins de Catumbi. Vão entrando, vão entrando. (*Entram os três citados. Apresenta-o.*) Este é o ensaiador do grupo. Não há outro para combinar aquelas evoluções prismáticas e sintéticas que dão tanta graça a um cordão, tornando-o, se assim me posso exprimir, um cordão sanitário... (*Alfredo e Gastão esforçam-se para que Florinda e Rosa os vejam, porém elas conversam de cabeça baixa, parecendo vencidas.*)

Joaquina — Este seu Salustiano fala como um *libro averto.*

Remígio — Antes de mais nada, um beijo nesta negra. (*Vai à mesa e bebe pela garrafa. Depois, Salustiano examina se ainda há alguma coisa na garrafa, bebe o resto e chama Zeca.*)

Salustiano — Oh, Zeca... Vai acender este castiçal. O garrafão está debaixo da cama. (*Zeca sai e volta depois com a garrafa cheia.*)

Remígio — Então o ensaio hoje não é no quintal?! Aqui faz muito calor.

Salustiano — Remígio, apresento-lhes estes camaradas: o Pereira e o... turco.

Gastão — Abdul Abdala. (*Ouvindo a voz de Gastão, Rosa ergue a cabeça e reconhece-o, e reconhece também Alfredo. Chama atenção de Florinda e começa então um jogo de cena entre os quatro.*)

Salustiano — O senhor Remígio, praça reformado do exército e ex-bravo da Pátria!

Gaudêncio — (*Despertando.*) Bravo da Pátria?

Salustiano — Ex.

GAUDÊNCIO — Então com licença! (*Toca a polca na harmônica. Todos se põem a dançar. Alfredo e Gastão aproveitam para dançar com Florinda e Rosa.*)

REMÍGIO — (*Depois da dança.*) Bravo da Pátria, sim. Mas de que serve isso? De que serviu ter arriscado tantas vezes a pele? (*Vai pegar na garrafa e quebra um copo.*)

EMERENCIANA — Zeca, leva esses copo lá para dentro, antes que se quebrem os outro.

SALUSTIANO — Oh! *copos hic, que labor est*! (*Zeca carrega os copos.*)

REMÍGIO — Sabe Deus o que me tem custado a educar estas duas meninas!

ZÉ — *Mais* também vossemecê pode *gavar-se* de que estão pr'aí duas senhoras de truz!

JOAQUINA — Isso estão! *Calquer* das duas é capaz de dar *boltas* ao miolo de um *doitor*.

CAZUZA — *Mais*, seu *Remijo*, você foi um herói. Foi cabra valente, hein?

REMÍGIO — Se fui valente... Na batalha de 24 de Maio, eu sozinho matei dez paraguaios e meio, digo meio porque um deles não morreu, foi apenas ferido.

GAUDÊNCIO — Dez paraguaios e meio?

REMÍGIO — Sim, senhor!

GAUDÊNCIO — Sozinho?

REMÍGIO — Sim, senhor.

GAUDÊNCIO — Então com sua licença! (*Toca harmônica e todos dançam.*)

REMÍGIO — Lhes garanto que não *houveram* muitos soldados como eu.

CAZUZA — Admira que não voltasse pelo menos alferes.

REMÍGIO — Que quer você? Eu era valente, mas não sabia ler

nem escrever, e depois não tinha proteção. Ah! se eu fosse um cabra escovado como é o nosso presidente, nem o Caxias me passava a perna... Depois de velho ainda mostrei que valia alguma coisa quando marchei para o Paraná. No cerco da Lapa combati 27 dias e 27 noites sem parar.

GAUDÊNCIO — 27 dias e 27 noites sem parar?!

REMÍGIO — Sim, senhor.

GAUDÊNCIO — Então com sua licença. (*Toca a harmônica. Dançam.*)

REMÍGIO — Mas isso não foi nada. Na batalha de Tuiuti, dez de julho, essa sim. Foi um delírio. Aí lutamos braço a braço. Nós éramos *inferior* em número, lutávamos um contra vinte. Os combates a armas brancas são sensacionais. Vocês não imaginam! Os campos cobertos de cadáveres. Lutamos até dentro de um rio, com água até o pescoço... Foi tanto o sangue, que a água ficou encarnada. Os cadáveres eram tantos, que fizeram uma ponte para nossas tropas.

GAUDÊNCIO — Os cadáveres fizeram uma ponte?!

REMÍGIO — Sim, senhor.

GAUDÊNCIO — E vocês passaram por cima?!

REMÍGIO — Sim, senhor.

GAUDÊNCIO — Então com sua licença. (*Toca a harmônica. Dançam.*)

CAZUZA — Mas há, ou não há ensaio?

SALUSTIANO — Falta muita gente, e eu queria fazer um ensaio completo, sugestivo e saliente para ser agradável àqueles nobres camaradas.

CAZUZA — Vamos ensaiar com quem está.

SALUSTIANO — Faltam tantas figuras. O Miudinho é insubstituível.

REMÍGIO — Podemos dar amostra de uma cantiga. Forma o cordão. (*Forma-se um cordão com todos, menos os namorados.*) Vamos cantar...

TODOS – (*Repetem muitas vezes.*)

Ai, ai, ai! eu ai!
Deixa as *cadeira*
negra *boli*.

REMÍGIO — E não se esqueçam das palminhas. Vamos... lá... Um, dois, três! (*Cantam em evoluções.*)

TODOS – (*Repetem muitas vezes.*)

Ai, ai, ai! eu ai!
Deixa as *cadeira*
da negra *boli*.

(*Tanto para começar como para terminar, Remígio toca um apito, que coloca no pescoço.*)

REMÍGIO — Mas isto aqui na sala não presta. Não há espaço e faz calor. Vamos para o quintal?

TODOS — Apoiado! Vamos!

REMÍGIO — Levemos a mesa a as cadeiras.

TODOS — Levemos. (*Saem levando as cadeiras e a mesa.*)

SALUSTIANO — Entrai, nobres amigos... Disponham deste tugúrio tangente e plácido.

ALFREDO — Vão indo... Nós acompanhamos... (*Formam o cordão e saem cantando. Ficam por último Rosa e Florinda, que são retidas por Alfredo e Gastão, que agarram-nas e as trazem para o meio da cena, que fica escura. Orquestra em surdina rápida, ai, ai, ai etc.*)

Cena VII

Alfredo, Gastão, Rosa e Florinda

Alfredo — Não há tempo a perder... As senhoras não podem ficar aqui nem mais um momento.

Rosa e Florinda — Meu Deus!

Florinda — E tudo escuro?

Alfredo — Venham conosco, vamos depositá-las em casa de uma família respeitável.

Florinda — Mas papai?...

Alfredo — Seu pai é indigno das filhas que tem. Vamos.

Florinda — Não, Alfredo, não. Tudo, menos isso.

Alfredo — Nesse caso, adeus! Adeus para sempre! Porque se continuam aqui, não serão dignas de nós. Vamos, Gastão.

Rosa — Meu Deus!

Alfredo — Temos um automóvel ali na esquina. Venham.

Florinda — Juram que serão nossos maridos?

Alfredo — Juro por minha mãe.

Gastão — Juro por minha irmã.

Florinda — (*Resolutamente.*) Vamos.

Rosa — Florinda!

Florinda — Vamos! É melhor assim!

Alfredo e Gastão — Vamos, vamos. (*Saem os quatro.*)

Salustiano — (*Fora.*) Nobres amigos...

Remígio — (*Fora.*) Florinda... Rosa... (*Entra Emerenciana, que vai à porta e ainda os vê fugir.*)

Cena VIII

Todos, menos os quatro namorados. Entram todos com velas acesas.

Remígio — (*Entra.*) Florinda.... Rosa... Onde estão minhas filhas?

Emerenciana — Fugiram com o turco e o quitandeiro.

Salustiano — (*Entra.*) Será possível?... (*Falam ao mesmo tempo. Grande confusão.*)

Remígio — Quem é esse quitandeiro? Quem é esse turco?

Salustiano — Não conheço eles!

Remígio — Minhas filhas! Minhas filhas!

Cazuza — Bem me pareceram que não eram do pessoal. Demais, ali, na esquina, estava um automóvel.

Remígio — Um automóvel?! Estão perdidas! Minhas filhas!... Minhas filhas!... (*Saem todos correndo para a rua.*)

Gaudêncio — (*Que entrou um pouco antes.*) Que é isso?... As pequenas fugiram? Então, com sua licença... (*Toca a harmônica.*)

Quadro 3

Jardim em casa do Conselheiro. Ao fundo, grade com portão. À esquerda alta, grade com um banco de jardim. Alvorada na orquestra, com pássaros.

Cena I

Alfredo e Gastão. Aparecem ao fundo por trás das grades.

ALFREDO — Não está ninguém... vamos entrando. (*Empurram a grade, entram.*)

GASTÃO — Como terão passado a noite?

ALFREDO — Naturalmente não dormiram... Mas devem estar satisfeitas, por terem reconhecido que somos dois rapazes sérios. O automóvel trouxe-nos diretamente do Itapiru para esta casa...

GASTÃO — ... onde reside com sua excelentíssima família o nosso ilustre e venerando diretor geral...

ALFREDO — ... que nos acolheu paternalmente...

GASTÃO — ... depois de nos haver passado tremenda descalçadeira em estilo oficial.

ALFREDO — O conselheiro não tem outro estilo, mesmo quando não passa descalçadeiras. Sua Excelência está saturado de burocracia.

GASTÃO — Estas moças, disse-nos ele, só daqui sairão para a igreja...

ALFREDO — ... com escala pela pretoria.

GASTÃO — Elas aí vêm.

ALFREDO — Ah!

Cena II

OS MESMOS, FLORINDA e ROSA.

Quarteto

ROSA –

Gastão!

ALFREDO –

Florinda!

FLORINDA –

Alfredo!

GASTÃO –
Rosinha!

GASTÃO E ALFREDO –
Como passaram?

ROSA E FLORINDA –
Perfeitamente.

FLORINDA –
Fiquei tranquila.

ROSA –
Não tive medo.

FLORINDA –
Lençóis de linho!

ROSA E FLORINDA –
Cama excelente!

OS QUATRO –
Que bela coisa é estar ao lado
Do bem-amado!
Sentir na mão, a mão querida
De quem nos dá prazer na vida,
Que bela coisa é estar ao lado
Do bem-amado!

FLORINDA –
Quando o receio do perigo
Do meu peito varri,
Adormeci… sonhei contigo…

ROSA –
Eu cá também adormeci!

FLORINDA –

Pela manhã muito cedinho,
O sol no quarto penetrou,
E então a gente de mansinho,
Se levantou.

ROSA –

E, sem receio,
Florinda veio,
Eu também vim
Dar um passeio
Pelo jardim.

FLORINDA –

O que me dá cuidado
Agora é só papai!

ALFREDO –

Está tudo arranjado!

GASTÃO –

Tudo arranjar-se vai!

OS QUATRO –

Que bela coisa é estar ao lado etc.

Cena III

Os Mesmos e o Conselheiro.

O Conselheiro é um velho de suíças brancas, vestido com trajes matinais e boné; aparece ao fundo com um Diário Oficial.

CONSELHEIRO — Oh!...

OS QUATRO — (*Que estavam abraçados separam-se num grito.*) Ah!

CONSELHEIRO — Declaro-vos que me não conformo com esta infração das cláusulas do nosso ajuste. Vós não podeis estar juntos, senão na presença de minha mulher ou na minha. Foi essa a condição *sine qua non* do recolhimento e manutenção destas senhoritas em minha casa. E é o princípio administrativo que...

ALFREDO — (*Interrompe.*) Chegamos neste instante... Íamos entrar...

GASTÃO — Encontramo-las no jardim. (*Elas sobem.*)

CONSELHEIRO — Já fostes ter com o pai, a fim de que ele, com a urgência possível, se dirigisse à nossa residência?!

ALFREDO — Não, senhor Conselheiro, não fomos ter com ele, porque receamos que nos recebesse mal... O homem não é para graças! Matou de uma só vez dez paraguaios e meio. Não fomos ter com ele, mas, logo pela manhã, mandamos-lhe um telegrama.

GASTÃO — "Filhas depositadas casa conselheiro Faria, rua Escobar, 150. São Cristóvão. Vá lá às nove horas."

CONSELHEIRO — Podíeis ter acrescentado: "manhã".

ALFREDO — Não acrescentamos para não exceder de vinte palavras.

GASTÃO — Não queríamos gastar mais de cinco tostões.

CONSELHEIRO — Ele é capaz de só aparecer aqui às nove horas da noite.

GASTÃO — Não creia, senhor conselheiro.

FLORINDA — (*Olhando para fora.*) Meu Deus! Lá vem papai!

GASTÃO — Que dizia eu?

CONSELHEIRO — Nesse caso tende por muito recomendado afastar-vos até deliberação ulterior.

ALFREDO — (*À parte.*) Saúde e fraternidade!

CONSELHEIRO — Na ocasião oportuna chamar-vos-ei. Ide para

debaixo daquele caramanchão, mas espero do vosso critério, procedais com toda a circunspeção e dignidade.

ALFREDO — Esteja descansado, senhor Conselheiro... Nós... somos quatro, fiscalizamo-nos uns aos outros. (*Saem os quatro. Remígio aparece ao portão.*)

Cena IV

CONSELHEIRO e REMÍGIO

REMÍGIO — (*Fora.*) Minhas filhas... Onde estão minhas filhas?!

CONSELHEIRO — Empurre o portão e entre.

REMÍGIO — Não tem cachorro?

CONSELHEIRO — Não. (*Remígio entra.*) Vossemecê chama-se Remígio?

REMÍGIO — Para servir a Sua Senhoria.

CONSELHEIRO — É o próprio e autêntico pai de dona Florinda e dona Rosa?

REMÍGIO — Sim, senhor, e quero...

CONSELHEIRO — Já lá vamos. Sente-se naquele banco.

REMÍGIO — Não estou cansado, não, senhor.

CONSELHEIRO — Sente-se. (*Remígio senta-se.*) Vossemecê está em presença do Conselheiro Faria, velho funcionário, com quarenta anos de serviço... Conselheiro e Oficial da Rosa pelo Império, e tenente-coronel honorário do Exército pela República. (*Remígio levanta-se, perfila-se e faz continência militar.*) Obrigado. Sente-se [que] vossemecê é um praça reformado... Militou nas fileiras dos defensores da Pátria e, como tal, merecia ser respeitado... Se se desse ao respeito...

REMÍGIO — Então eu não me dou ao respeito?

CONSELHEIRO — Não, senhor, vossemecê não se dá ao respeito.

REMÍGIO — Por quê?

CONSELHEIRO — Em primeiro lugar, porque mente e é fanfarrão.

REMÍGIO — (*Levantando-se.*) Fanfarrão, eu?

CONSELHEIRO — Sim, senhor. Sente-se.

REMÍGIO — Mas...

CONSELHEIRO — Sente-se. (*Remígio senta.*) Vossemecê gaba-se de ter matado uma infinidade de paraguaios... Ora, a guerra do Paraguai acabou há 38 anos... Vossemecê tem cinquenta, quando muito... Para lá ter estado, era preciso que combatesse com idade de 12 anos. (*Remígio abaixa a cabeça.*) Vossemecê... tem duas filhas, menos mal-educadas, não pelo pai, mas pelo padrinho, um general de quem vossemecê foi ordenança. Em vez de resguardar suas filhas e afastá-las do mal, vossemecê leva-as a um desses antros denominados cordões carnavalescos, em casa de um homem de má vida, onde se reúnem bêbedos e desordeiros.

REMÍGIO — É uma casa de família.

CONSELHEIRO — Não duvido, mas há família e família. (*Remígio abaixa a cabeça.*) Vossemecê foi feliz. Dois moços honestos e morigerados, empregados na mesma repartição onde exerço as funções de diretor geral, enamoraram-se de suas filhas e imediatamente resolveram subtraí-las ao pernicioso contato da sociedade onde vossemecê tão imprudentemente as levava. Penetraram disfarçadamente no referido cordão, raptaram-nas e trouxeram-nas para minha casa, de onde só sairão para se casarem. Para tais consórcios precisamos do consentimento de vossemecê.

REMÍGIO — (*Levantando-se.*) Mas, seu tenente-coronel...

CONSELHEIRO — Chame-me Conselheiro.

REMÍGIO — Mas, seu Conselheiro, não era preciso nada disso. Bastava que esses moços me aparecessem e dissessem: "Seu Remígio, nós queremos casar com suas filhas". Se elas quisessem, eu não empatava.

CONSELHEIRO — Então, está satisfeito?

REMÍGIO — Se estou satisfeito? Sua Excelência não imagina que peso tirou de riba de mim... Passei uma noite dos diabos! Podia lá pensar que as meninas estivessem aqui? Quer saber onde fui procurar elas? Na Copacabana.

CONSELHEIRO — Pois estão em São Cristóvão, no seio de uma família respeitável.

REMÍGIO — Muito obrigado a Sua Senhoria.

CONSELHEIRO — Vou chamá-las e também os noivos, que se acham presentes...(*Acena para fora com o Diário Oficial.*) Quanto a vossemecê, esforce-se de agora em diante por ser digno daquelas filhas, e deixe aos rapazes os prazeres impróprios da sua idade. (*Entram os quatro, ressabiados. Remígio abre os braços à Florinda e à Rosa, sorrindo. Elas vão a ele e abraçam-no.*)

Cena V

OS MESMOS e ROSA, FLORINDA, ALFREDO e GASTÃO

REMÍGIO — Oh, minhas filhas! Que susto!

FLORINDA — Perdoe, papai!

REMÍGIO — Não tenho nada que perdoar. Pelo contrário, vocês é que devem perdoar seu pai! Este bom homem é que me abriu os olhos, e me deu bons conselhos.

CONSELHEIRO — Não fosse eu conselheiro.

REMÍGIO — (*A Alfredo e Gastão.*) Olha o quitandeiro, olha o turco.

GASTÃO — Abdul Abdala!

CONSELHEIRO — Bem, vamos almoçar, que são horas. O serviço público nos reclama a mim e a estes senhores. Venha almoçar conosco, senhor Remígio.

REMÍGIO — Oh, senhor Conselheiro, eu...

CONSELHEIRO — Venha!

ALFREDO — É o nosso almoço de núpcias. (*Saem.*)

REMÍGIO — Seu Conselheiro... Sua Senhoria de hoje em diante pode contar com um homem pra lhe servir como um escravo. (*Saem todos.*)

Quadro 4

A mesma cena do segundo quadro

Cena I

GAUDÊNCIO, vestido de princês, com a máscara atirada para as costas: vem bêbedo e tocando a sua harmônica, depois SALUSTIANO, depois ZECA.

GAUDÊNCIO — Seu Salustiano... Seu Salustiano... (*Salustiano ricamente vestido de veludo e ouro, mas de um modo híbrido, sem inteligência, propriedade e gosto. Vem de botinas.*)

SALUSTIANO — Aqui estou! Admire, maestro. Admire esta imponência, surpreendente e circuncisfláutica! Tenho cinquenta mil réis em cima de mim... Mas que quer? Sou o presidente e o porta-estandarte dos Foliões do Itapiru. *Nobresse obrige* como dizia o grande Chateaubriand. (*Chamando.*) Ó Zeca, traz as cadeiras para dentro. (*A Gaudêncio.*) As cadeiras ficaram esta noite no quintal.

GAUDÊNCIO — Mas não houve ensaio... Foi proibido.

SALUSTIANO — Sim, porque o Comendador, meu vizinho, praticou uma insídia incongruente. Aproveitando a emergência das imposições policiais, apresentou na delegacia um atestado médico, provando que a sogra estava gravemente enferma...

(*Zeca entra vestido de diabinho.*) *Quedê* as cadeiras? (*Zeca faz um arremesso e sai.*) Pois bem, hoje, logo ao romper da roxa aurora, fui ao quintal refrescar os humores aquáticos do cérebro alagadiço...

Gaudêncio — Sim, você ontem apanhou uma camoeca turuna...

Salustiano — E você, duas; mas lancemos um véu sobre o passado... Vou ao quintal e quem hei de ver à janela do Comendador?

Gaudêncio — A sogra?

Salustiano — A sogra, que, na véspera, estava gravemente enferma. Foi ou não foi uma insídia incongruente?

Gaudêncio — Incongruentíssima!

Salustiano — (*A Zeca, que entra.*) *Quedê* sua mãe?

Zeca — Não sei... Tá se vestindo. (*Sai.*)

Gaudêncio — Mas deixe lá... estes ensaios... estas cantorias... estes pandeiros devem atordoar a vizinhança, mesmo sem haver sogra doente...

Salustiano — Meu caro artista: o carnaval é uma época de loucuras anormais e casuísticas em que há o direito de procrastinar a vizinhança.

Cena II

Os mesmos e Emerenciana

Emerenciana — (*Vestida de baiana.*) Boas tardes, seu Gaudêncio.

Gaudêncio — Bravos à baiana!

Emerenciana — Eu cá não quero outra fantasia... É a mais barata... E esta há quatro anos que serve. Quando chega quarta-feira de Cinzas vai pro fundo do baú, e só sai no sábado gordo do outro ano.

Gaudêncio — Por isso o cheiro do bafio, chega até cá.

Emerenciana — Não sou como seu Salustiano, que gasta um dinheirão com aquela roupa de princês, e o pequeno anda coberto de trapos e, por isso, não vai à escola. (*Ouve-se ao longe o cordão cantar o ai, ai, ai etc.*)

Salustiano — Sendo eu o presidente, o porta-estandarte dos Foliões do Itapiru, sou obrigado a esta suntuosidade híbrida e analítica! Mas não me engano, aí chega a bela rapaziada.

Cena III

Os mesmos, Cazuza, Zé das Carroças, Joaquina, Espanta, Pan-americano e outros foliões. Todos fantasiados. Cazuza entra à frente, vestido de velho, dançando, Zé das Carroças com bombo e outros com pandeiros, entram cantando e fazendo uma volta pela cena.

Eis aqui os Foliões
   Do Itapiru,
Venham palmas e ovações,
Pois não há, na realidade,
Tão bonita sociedade

Desde a Gávea até o Caju!... Venham palmas e
ovações
Pra os Foliões
Do Itapiru!...

CAZUZA — (*Tirando a cabeçorra.*) O diabo é que esta cabeçorra pesa muito e faz lá dentro um calor de assar passarinho!

SALUSTIANO — Cazuza amigo, o sacrifício é o apanágio do carnaval.

ZÉ — São horas. Tenho comichões no *vraço*. Este diabo deste bombo está a me desafiar.

JOAQUINA — Ah, *mê home*! Vê lá se, passada a festa, *nam* podes *mober* o *vraço* como no ano passado.

ZÉ — Deixa lá, mulher!

SALUSTIANO — Estão presentes todos os foliões?

TODOS — Falta seu Remígio!

SALUSTIANO — Sim, falta o nosso Remígio. Mas esse pertence agora a outro pessoal que não é o nosso! Casou as filhas com aqueles dois heróis românticos e anda agora de sobrecasaca e cartola... Não pensemos em coisas tristes... (*Vai buscar o estandarte.*) Chegou o momento solene! Vou empunhar o brioso estandarte e pôr-me à frente do cordão! Estão todos em ordem?

TODOS — Estamos!

SALUSTIANO — Marche! (*Todos cantando e marchando.*)

Quadro 5

Avenida Central, em noite de Carnaval.

Cena I

ALFREDO, GASTÃO, ROSA, FLORINDA e REMÍ-

GIO. *Entram todos com roupas leves. Remígio, de barba feita, de cartola e sobrecasaca; os quatro vêm de braço.*

ALFREDO — (*A Florinda.*) Não achas melhor irmos para casa?

FLORINDA — Decerto. Estas festas não se inventaram para os noivos. Depois, já vimos passar as sociedades.

GASTÃO — Florinda diz bem. O nosso carnaval é em casa. Não achas, Rosinha?

ROSA — Acho, meu amor.

ALFREDO — Sogro e amigo, fique a divertir-se. Nós vamos tomar um carro. Vamos para casa.

REMÍGIO — Pois vão com Deus. (*Saem os quatro.*)

ROSA E FLORINDA — Adeus, papai.

Cena II

REMÍGIO, povo e todos os personagens do cordão.

REMÍGIO — Tirei a sorte grande... Mas que vejo!... O meu ex-cordão!

SALUSTIANO — Olhem, é ele! O nosso incomensurável Remígio! Viva o Remígio! (*O cordão entra cantando e dançando.*)

TODOS — Viva! Entra! Entra! Fecha! (*Põem Remígio no centro e dançam todos.*)

REMÍGIO — Não *arresisto*! Oh, o cordão! O cordão do povo! (*Dança.*)

CAI O PANO

COLEÇÃO DE BOLSO HEDRA

1. *Iracema*, Alencar
2. *Don Juan*, Molière
3. *Contos indianos*, Mallarmé
4. *Auto da barca do Inferno*, Gil Vicente
5. *Poemas completos de Alberto Caeiro*, Pessoa
6. *Triunfos*, Petrarca
7. *A cidade e as serras*, Eça
8. *O retrato de Dorian Gray*, Wilde
9. *A história trágica do Doutor Fausto*, Marlowe
10. *Os sofrimentos do jovem Werther*, Goethe
11. *Dos novos sistemas na arte*, Maliévitch
12. *Mensagem*, Pessoa
13. *Metamorfoses*, Ovídio
14. *Micromegas e outros contos*, Voltaire
15. *O sobrinho de Rameau*, Diderot
16. *Carta sobre a tolerância*, Locke
17. *Discursos ímpios*, Sade
18. *O príncipe*, Maquiavel
19. *Dao De Jing*, Laozi
20. *O fim do ciúme e outros contos*, Proust
21. *Pequenos poemas em prosa*, Baudelaire
22. *Fé e saber*, Hegel
23. *Joana d'Arc*, Michelet
24. *Livro dos mandamentos: 248 preceitos positivos*, Maimônides
25. *O indivíduo, a sociedade e o Estado, e outros ensaios*, Emma Goldman
26. *Eu acuso!*, Zola | *O processo do capitão Dreyfus*, Rui Barbosa
27. *Apologia de Galileu*, Campanella
28. *Sobre verdade e mentira*, Nietzsche
29. *O princípio anarquista e outros ensaios*, Kropotkin
30. *Os sovietes traídos pelos bolcheviques*, Rocker
31. *Poemas*, Byron
32. *Sonetos*, Shakespeare
33. *A vida é sonho*, Calderón
34. *Escritos revolucionários*, Malatesta
35. *Sagas*, Strindberg
36. *O mundo ou tratado da luz*, Descartes
37. *O Ateneu*, Raul Pompeia
38. *Fábula de Polifemo e Galateia e outros poemas*, Góngora
39. *A vênus das peles*, Sacher-Masoch
40. *Escritos sobre arte*, Baudelaire
41. *Cântico dos cânticos*, [Salomão]
42. *Americanismo e fordismo*, Gramsci
43. *O princípio do Estado e outros ensaios*, Bakunin
44. *O gato preto e outros contos*, Poe
45. *História da província Santa Cruz*, Gandavo
46. *Balada dos enforcados e outros poemas*, Villon
47. *Sátiras, fábulas, aforismos e profecias*, Da Vinci
48. *O cego e outros contos*, D.H. Lawrence

49. *Rashômon e outros contos*, Akutagawa
50. *História da anarquia (vol. 1)*, Max Nettlau
51. *Imitação de Cristo*, Tomás de Kempis
52. *O casamento do Céu e do Inferno*, Blake
53. *Cartas a favor da escravidão*, Alencar
54. *Utopia Brasil*, Darcy Ribeiro
55. *Flossie, a Vênus de quinze anos*, [Swinburne]
56. *Teleny, ou o reverso da medalha*, [Wilde et al.]
57. *A filosofia na era trágica dos gregos*, Nietzsche
58. *No coração das trevas*, Conrad
59. *Viagem sentimental*, Sterne
60. *Arcana Cœlestia* e *Apocalipsis revelata*, Swedenborg
61. *Saga dos Volsungos*, Anônimo do séc. XIII
62. *Um anarquista e outros contos*, Conrad
63. *A monadologia e outros textos*, Leibniz
64. *Cultura estética e liberdade*, Schiller
65. *A pele do lobo e outras peças*, Artur Azevedo
66. *Poesia basca: das origens à Guerra Civil*
67. *Poesia catalã: das origens à Guerra Civil*
68. *Poesia espanhola: das origens à Guerra Civil*
69. *Poesia galega: das origens à Guerra Civil*
70. *O chamado de Cthulhu e outros contos*, H.P. Lovecraft
71. *O pequeno Zacarias, chamado Cinábrio*, E.T.A. Hoffmann
72. *Tratados da terra e gente do Brasil*, Fernão Cardim
73. *Entre camponeses*, Malatesta
74. *O Rabi de Bacherach*, Heine
75. *Bom Crioulo*, Adolfo Caminha
76. *Um gato indiscreto e outros contos*, Saki
77. *Viagem em volta do meu quarto*, Xavier de Maistre
78. *Hawthorne e seus musgos*, Melville
79. *A metamorfose*, Kafka
80. *Ode ao Vento Oeste e outros poemas*, Shelley
81. *Oração aos moços*, Rui Barbosa
82. *Feitiço de amor e outros contos*, Ludwig Tieck
83. *O corno de si próprio e outros contos*, Sade
84. *Investigação sobre o entendimento humano*, Hume
85. *Sobre os sonhos e outros diálogos*, Borges | Osvaldo Ferrari
86. *Sobre a filosofia e outros diálogos*, Borges | Osvaldo Ferrari
87. *Sobre a amizade e outros diálogos*, Borges | Osvaldo Ferrari
88. *A voz dos botequins e outros poemas*, Verlaine
89. *Gente de Hemsö*, Strindberg
90. *Senhorita Júlia e outras peças*, Strindberg
91. *Correspondência*, Goethe | Schiller
92. *Índice das coisas mais notáveis*, Vieira
93. *Tratado descritivo do Brasil em 1587*, Gabriel Soares de Sousa
94. *Poemas da cabana montanhesa*, Saigyō
95. *Autobiografia de uma pulga*, [Stanislas de Rhodes]
96. *A volta do parafuso*, Henry James
97. *Ode sobre a melancolia e outros poemas*, Keats
98. *Teatro de êxtase*, Pessoa
99. *Carmilla — A vampira de Karnstein*, Sheridan Le Fanu

100. *Pensamento político de Maquiavel*, Fichte
101. *Inferno*, Strindberg
102. *Contos clássicos de vampiro*, Byron, Stoker e outros
103. *O primeiro Hamlet*, Shakespeare
104. *Noites egípcias e outros contos*, Púchkin
105. *A carteira de meu tio*, Macedo
106. *O desertor*, Silva Alvarenga
107. *Jerusalém*, Blake
108. *As bacantes*, Eurípides
109. *Emília Galotti*, Lessing
110. *Contos húngaros*, Kosztolányi, Karinthy, Csáth e Krúdy
111. *A sombra de Innsmouth*, H.P. Lovecraft
112. *Viagem aos Estados Unidos*, Tocqueville
113. *Émile e Sophie ou os solitários*, Rousseau
114. *Manifesto comunista*, Marx e Engels
115. *A fábrica de robôs*, Karel Tchápek
116. *Sobre a filosofia e seu método — Parerga e paralipomena (v. II, t. I)*, Schopenhauer
117. *O novo Epicuro: as delícias do sexo*, Edward Sellon
118. *Revolução e liberdade: cartas de 1845 a 1875*, Bakunin
119. *Sobre a liberdade*, Mill
120. *A velha Izerguil e outros contos*, Górki
121. *Pequeno-burgueses*, Górki
122. *Um sussurro nas trevas*, H.P. Lovecraft
123. *Primeiro livro dos Amores*, Ovídio
124. *Educação e sociologia*, Durkheim
125. *Elixir do pajé — poemas de humor, sátira e escatologia*, Bernardo Guimarães
126. *A nostálgica e outros contos*, Papadiamántis
127. *Lisístrata*, Aristófanes
128. *A cruzada das crianças/ Vidas imaginárias*, Marcel Schwob
129. *O livro de Monelle*, Marcel Schwob
130. *A última folha e outros contos*, O. Henry
131. *Romanceiro cigano*, Lorca
132. *Sobre o riso e a loucura*, [Hipócrates]
133. *Hino a Afrodite e outros poemas*, Safo de Lesbos
134. *Anarquia pela educação*, Élisée Reclus
135. *Ernestine ou o nascimento do amor*, Stendhal
136. *A cor que caiu do espaço*, H.P. Lovecraft

Edição _ Jorge Sallum
Co-edição _ Alexandre B. de Souza e Bruno Costa
Capa e projeto gráfico _ Júlio Dui e Renan Costa Lima
Imagem de capa _ Juan Valverde de Amusco. *História da composição do corpo humano.* Roma, 1560.
Programação em LaTeX _ Marcelo Freitas
Consultoria em LaTeX _ Roberto Maluhy Jr.
Revisão _ Luis Dolhnikoff
Assistente editorial _ Bruno Oliveira
Janaína Navarro
Colofão _ Adverte-se aos curiosos que se imprimiu esta obra em nossas oficinas em 15 de julho de 2011, em papel off-set 90 g/m^2, composta em tipologia Minion Pro, em GNU/Linux (Gentoo, Sabayon e Ubuntu), com os softwares livres LaTeX, DeTeX, VIM, Evince, Pdftk, Aspell, SVN e TRAC.